VENDAS!
TÉCNICAS PARA
ENCANTAR SEUS CLIENTES

CB070818

C755v Cônsoli, Matheus Alberto
          Vendas : técnicas para encantar seus clientes / Matheus Alberto
       Cônsoli, Luciano Thomé e Castro, Marcos Fava Neves. – Porto Alegre :
       Bookman, 2007.
          140 p. : il. ; 23 cm.

       ISBN 978-85-7780-066-7

          1. Administração – Vendas. I. Título. II. Castro, Luciano Thomé e.
       II. Neves, Marcos Fava.

       CDU 658.8

Catalogação na publicação: Juliana Lagôas Coelho – CRB 10/1798

MATHEUS ALBERTO CÔNSOLI
LUCIANO THOMÉ E CASTRO
MARCOS FAVA NEVES

VENDAS!
TÉCNICAS PARA ENCANTAR SEUS CLIENTES

2007

© 2008, Artmed Editora S.A.

Capa e projeto gráfico interno: *Paola Manica*

Preparação de original: *André Luiz de Godoy Vieira*

Leitura final: *Mônica Zardo*

Supervisão editorial: *Arysinha Jacques Affonso*

Editoração eletrônica: *Techbooks*

Reservados todos os direitos de publicação, em língua portuguesa, à
ARTMED® EDITORA S. A.
(BOOKMAN® COMPANHIA EDITORA é uma divisão da ARTMED® EDITORA S.A.)
Av. Jerônimo de Ornelas, 670 - Santana
90040-340 Porto Alegre RS
Fone (51) 3027-7000 Fax (51) 3027-7070

É proibida a duplicação ou reprodução deste volume, no todo ou em parte, sob quaisquer formas ou por quaisquer meios (eletrônico, mecânico, gravação, fotocópia, distribuição na Web e outros), sem permissão expressa da Editora.

SÃO PAULO
Av. Angélica, 1091 - Higienópolis
01227-100 São Paulo SP
Fone (11) 3665-1100 Fax (11) 3667-1333

SAC 0800 703-3444

IMPRESSO NO BRASIL
PRINTED IN BRAZIL

AUTORES

Matheus Alberto Cônsoli

- É administrador de empresas formado pela FEA, mestre em Administração de Empresas e doutorando em Engenharia de Produção na EESC-USP. Atuou como supervisor regional de vendas da Danone, trabalhando no gerenciamento de distribuidores e em atividades de negociação e planejamento logístico e distribuição. É pesquisador do Pensa e membro do Markestrat. Desenvolve projetos e pesquisas nas áreas de Planejamento e Gestão Estratégica de Marketing, Planejamento de Canais de Distribuição, Gestão de Vendas e Estratégias de Cadeias..
- É professor das disciplinas Gestão de Canais de Distribuição e Networks, Estratégias de Negócios e Marketing nos cursos de MBA da Fundace. É co-autor do livro *Marketing e estratégia em agronegócios e alimentos* e tem cerca de 40 artigos publicados em periódicos nacionais e internacionais.
- Tem especialização em Marketing na Texas AEM University, EUA (2007).

Luciano Thomé e Castro

- É administrador de empresas, mestre e doutorando pela FEA-USP. Especializado em Administração de Vendas na Alemanha (2004), pesquisador visitante do Departamento de Novas Mídias, Inovação e Marketing da Universidade de Kiel, Alemanha (2004).

- Desenvolve projetos privados e pesquisas nas áreas de Planejamento e Gestão Estratégica de Marketing, Planejamento de Canais de Distribuição e principalmente Gestão de Vendas. É professor de Administração de Vendas nos cursos de MBA da Fundace e nos cursos do PENSA in-house. É autor/co-autor e organizador de cinco livros e tem cerca de 30 artigos publicados em periódicos nacionais e internacionais.

Marcos Fava Neves

- Engenheiro agrônomo formado pela Escola Superior de Agricultura Luiz de Queiroz da USP, mestre, doutor e livre-docente pela Universidade de São Paulo. É coordenador do pensa e fundador do Markestrat. Professor de Planejamento, Estratégia e Marketing da FEA/USP de Ribeirão Preto. É membro da Academia Européia de Marketing, da Associação Americana de Marketing, da Associação Mundial de Agribusiness e de Associações Latino-Americanas e Brasileiras de Marketing e Agribusiness. Membro do International Board da Associação Mundial de Agronegócios (mandato de 2003 a 2010) e de conselhos editoriais de diversos periódicos. Autor de 15 livros em marketing, estratégia e agronegócios.
- Tem especialização em marketing de alimentos na França (1995) e em canais de marketing na Holanda (1998/1999). Já realizou mais de 300 palestras no Brasil e 70 no exterior, nas suas áreas de conhecimento. Tem mais de 50 projetos realizados para empresas no Brasil e no exterior. (www.fearp.usp.br/fava)

AGRADECIMENTOS

Agradecemos a todas as empresas listadas posteriormente, que desenvolveram projetos com os pesquisadores do Markestrat e do Pensa. Esses projetos foram de fundamental importância para que as ferramentas aqui disponibilizadas pudessem ser testadas em condições reais.

Agradecemos, em especial, aos empresários e executivos que colaboraram com esta obra, destacando, entre outros, Fabio Soares, Eduardo Amorim, David Tassara, Vladimir Chagas, Marcos Araújo, Voldi Alves, Fabio Lopes, Adelvo Imperador Cecconi, Douglas Oliveira, Rafael D'Andréa, Matias Paiva, Francisco Gabriel, Guus Laeven, Lucio Cornachini, Antonio Esteves Azedo, Junior Fernandes, William Tabchoury, Marcelo Almeida, Dirceu Tornavoi de Carvalho, Maurício Lima, Evaldo (Ouro Fino), Michel Santos, Rodrigo Branco Peres, João Iglezias, João Paulo Branco Peres, Flavio Urdan, Dante Martinelli, Beto Fava, Tejon Megido, Luiz Pinazza, Sam Giordano, Cláudio Machado, Matheus Marino, Fred Lopes, Marco Conejero, Stella Saab, Vinicius Trombini, Everton Campos, Fabio Mizumoto, Thiago Fischer, Danny Claro, José Carlos Carramate, Dani Sacilotto, Ademir Santarosa, Airton e Marita Castro, Angela Consoli, Ricardo Rossi, Ivan Wedekin, Jorge Machado, Fredy Moreiros, Marcus Tessler, Uri Goldstein, Melchiades Terciotti, Paulo Carlim, Beto Rappa, Sam Wolf, Alex Wolf, Paulo César Barão Candido, José Fava, Luis Fava Junior, Hernan Palov, Sebastian Senesi e mais muitos outros amigos.

Agradecemos também a Tito Souza de Carvalho, Nayana Carvalho Pereira, Rafael Marchetto, Diego Mangabeira de Jesus e Helio Afonso Braga de Paiva, que colaboraram na preparação de materiais úteis para esta síntese final.

Agradecemos, por fim, a todos os autores listados na bibliografia; afinal, ao pesquisarmos suas obras na demanda de nossos projetos e pesquisas, muitas idéias importantes foram aprendidas, algumas das quais estão aqui desenvolvidas.

NOTA SOBRE O MARKESTRAT

Apresentação

O Markestrat, Centro de Pesquisas e Projetos em Marketing e Estratégia, é uma organização que integra professores, doutores e mestres ligados aos Departamentos de Administração da Faculdade de Economia, Administração e Contabilidade de Ribeirão Preto – Universidade de São Paulo.

O grupo de pesquisa foi fundado pelo prof. Marcos Fava Neves em 2004, visando a desenvolver estudos e projetos em Planejamento, Marketing e Estratégia em diversos setores da economia. Inicialmente, o grupo era composto por professores que também faziam parte do Pensa (Centro de Conhecimento em Agronegócios da Universidade de São Paulo), programa esse diretamente focado nas questões do agronegócio brasileiro. Boa parte da equipe do Markestrat também pertence ao Pensa e a Unibusiness Estratégia.

O Markestrat tem seu foco voltado para a análise, o planejamento e a implementação de estratégias para empresas orientadas ao mercado e com enfoque em redes de relacionamentos (*networks*).

Missão

Desenvolver e aplicar conhecimentos sobre gestão de Estratégia e Marketing em redes produtivas, buscando aumentar a competitividade das empresas por meio da interação entre pesquisa, ensino e extensão.

Objetivos

- Estudar a dinâmica das redes produtivas, fornecendo subsídios à tomada de decisão e ao planejamento estratégico de organizações privadas e públicas inseridas nessas redes.
- Identificar, monitorar e analisar as principais tendências dos negócios, visando, sobretudo, à inserção competitiva do Brasil no cenário internacional.
- Formar e capacitar recursos humanos para a gestão de empresas inseridas em redes competitivas.

Método de trabalho do grupo Markestrat

A metodologia de trabalho do Markestrat fundamenta-se na análise sistêmica de negócios, focalizando especialmente as interfaces e redes criadas entre os diversos setores. Essa abordagem reconhece a dinâmica própria de cada um dos setores e as limitações impostas por suas inter-relações tecnológicas e econômicas. A metodologia é complementada ainda por dois princípios:

- A análise das questões que circunscrevem o processo decisório das organizações; e
- A preocupação em aproximar a Universidade do meio empresarial.

Áreas de atuação de projetos e pesquisas do grupo Markestrat

- Planejamento e Gestão Estratégica
- Planejamento e Gestão Estratégica de Marketing
- Revisão de Contratos
- Revisão e Gestão da Rede Produtiva formada pela Empresa
- Planejamento e Gestão de Canais de Distribuição
- Planejamento e Gestão de Comunicação Integrada de Marketing
- Gestão de Marcas e Linhas de Produtos
- Análise de Parcerias Estratégicas e Formação de *Joint Ventures*
- Inteligência de Mercados e Gestão de Informações de Mercado

- Desenho de Planos de Incentivo e Retorno para Distribuidores e Fornecedores
- Análise de Projetos e Investimentos
- Análise de Franquias
- Pesquisas de Mercado
- Revisão e Implementação de Estrutura Organizacional em Marketing
- Planejamento e Estruturação de Organizações Verticais

Principais parceiros em pesquisas e projetos

Entre os principais parceiros em pesquisas e projetos realizados pela equipe que compõe o Markestrat estão a Basf e a Monsanto (defensivos), Boehringer Ingelheim (veterinários), Tigre (tubos e conexões), Netafim (irrigação – multinacional israelense), Batavo (alimentos), Aurora (alimentos), Lagoa da Serra/Holland Genetics (multinacional holandesa), Roche (vitaminas), Vallée (produtos veterinários), Crystalsev (sucroalcooleiro), Fundecitrus, Abecitrus, Laranja Brasil, Illycafé (café expresso – multinacional italiana), Sebrae/SP, JMacedo Alimentos, Leite São Paulo, Codevasf (Companhia de Desenvolvimento dos Vales do São Francisco e Parnaíba), Wolf Seeds do Brasil, Rações Fri-Ribe, São Francisco Clínicas, Caio Induscar (ônibus), Rochfer (bombas), Nova América (alimentos), Gold Meat, Agrofara, Ouro Fino.

Publicações Markestrat e Pensa

As atividades de pesquisa e extensão realizadas do Markestrat e do Pensa geram uma série de publicações que têm por objetivo divulgar o conhecimento adquirido na análise dos sistemas agroindustriais. A base das publicações é composta de livros, *working papers*, *papers* apresentados em congressos, *papers* publicados em revistas com *referee*, teses e dissertações, relatórios de projetos, além dos estudos de caso.

PREFÁCIO

Foi uma honra ser convidado a escrever este prefácio. Não só pela importância da obra, resultado de um cuidadoso trabalho de pesquisa feito pelos mais renomados e respeitados profissionais que conheço, e que pertencem a uma das mais sérias instituições de ensino do mundo, mas também por outro aspecto, bem particular: se recebi o convite para estar aqui, é porque sou considerado um bom vendedor.

Peço que não estranhem a minha afirmação pela aparente falta de modéstia, mas um bom vendedor tem que ter, acima de tudo, auto-estima. E o livro, em seus cinco módulos – prospecção de clientes, abordagem, superação de objeções, pós-venda e construção de relacionamentos – deixa claro que o vendedor tem que confiar em seu instinto para encantar clientes (e se você estiver lendo até aqui, consegui prender o leitor, portanto eu tenho um pouco de razão e... vendi meu peixe!).

Tomando este livro como um produto (e é mesmo) e eu como seu vendedor (também sou), diria que o melhor "atributo" e sua "vantagem competitiva" é que foi baseado em pesquisas realizadas dentro de empresas de diversos setores, com profissionais que são vendedores 24 horas por dia, ocupando os mais variados cargos – desde o de vendedor de campo ao de diretor-geral. Enfim, obra produzida em contato direto com a realidade do homem de vendas. O "benefício" para o cliente (você, leitor) é a certeza de encontrar um instrumento eficiente de obter informações de qualidade, úteis e confiáveis, pois esta obra alia a mais corriqueira, e também intrincada, prática às complexas, e necessárias, teorias.

Se você não acreditou nessa minha argumentação, tudo bem... a objeção é parte natural do processo de vendas, como o próprio livro diz. Talvez, como último recurso, eu possa acrescentar ao meu pequeno arcabouço de argumentos um pouco da minha própria experiência pessoal. Eu e meu sócio, Jardel Massari, criamos a Ouro Fino em 1987 e hoje podemos dizer que a empresa é bem-sucedida – em um setor dominado por agressiva concorrência – porque nasceu calcada, basicamente, em uma excelente estrutura de vendas. Isso explica grande parte do nosso sucesso e o fato de crescermos em média quase 30% ao ano. Entendo e vejo claramente que a Ouro Fino, seguindo "instintos", aplicou em sua história muitos dos conceitos que estão reunidos neste livro.

Se pararmos para pensar, vemos que não daremos passos na vida se não "vendermos" alguma coisa, seja uma imagem da gente mesmo, uma verdade, um bom trabalho, um sentimento, um conselho (e garanto que nenhum é de graça). Nada se faz sem uma boa dose de argumento de venda. Tanto que, aqui, nesta página, estou procurando vender para o leitor uma obra que vai ajudá-lo a vender mais. Minha sorte – e a do leitor – é que o produto é ótimo.

Norival Bonamichi
Presidente do Grupo Ouro Fino
www.ourofino.com

SUMÁRIO

1 PROSPECÇÃO E QUALIFICAÇÃO DE CLIENTES 23
2 ABORDAGEM E APRESENTAÇÃO DE VENDAS 43
3 SUPERAÇÃO DE OBJEÇÕES E NEGOCIAÇÃO 69
4 FECHAMENTO E PÓS-VENDA 93
5 COMPARTILHAMENTO DE INFORMAÇÕES 119
   REFERÊNCIAS 137

INTRODUÇÃO

É com muita satisfação que apresentamos este livro de vendas, desenvolvido especialmente para facilitar e apoiar o trabalho de vendedores que querem melhorar seu desempenho, conquistar e manter novos clientes e estreitar o relacionamento com os clientes atuais.

Dadas as recentes mudanças que temos vivenciado na maioria dos mercados e a crescente importância do trabalho de vendas na implementação das estratégias de *marketing* das empresas, tanto no que se refere à venda de varejo quanto ao atendimento de clientes externos, faz-se necessário aumentar o conhecimento sobre os conceitos e a utilização de novas ferramentas que possibilitem o melhor aproveitamento dos recursos, como tempo e dinheiro, aumentando o desempenho e a produtividade do "homem de vendas".

O livro que o leitor tem em mãos é resultado de trabalhos práticos, diversos treinamentos e consultorias realizadas pela equipe de autores, tendo contado com a colaboração de várias empresas, gerentes de vendas e vendedores para sua adequação a um material simples e aplicável no dia-a-dia da atividade de vendas.

A obra apresenta, em sua estrutura, cinco etapas do processo de vendas (Figura 1.1), que serão apresentadas e discutidas em cada capítulo. Além de conceitos, discutem-se também ferramentas que podem auxiliar o processo de vendas, exemplos e casos sobre os assuntos abordados.

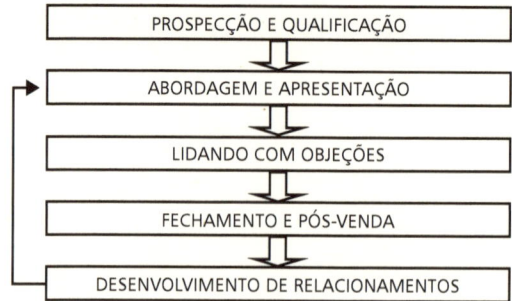

Figura 1.1 Etapas do processo de vendas abordado no livro.
Fonte: Elaborado pelos autores a partir de Robinson *et al*. (1967) e Kotler (2000).

O primeiro capítulo trata da questão da prospecção e qualificação de clientes, procurando chamar a atenção do vendedor para as formas e critérios de procurar e atrair novos clientes, bem como "qualificar" esses clientes para o atendimento de vendas. No Capítulo 2, comentamos as ações e decisões relacionadas à abordagem ao cliente, tratando de sua preparação (pré-abordagem) e do início do contato com o cliente. O Capítulo 3 avança nesse assunto, discutindo aspectos relacionados ao processo de negociação e as maneiras de superar as objeções que os clientes fazem ao vendedor no dia-a-dia de suas atividades. No Capítulo 4, são comentadas as estratégias de fechamento da venda e possíveis ações de pós-venda. No Capítulo 5, tratamos da importância da gestão da informação no processo de vendas e de como o vendedor e a empresa podem melhorar os fluxos de informação e tirar proveito desse importante recurso. Procuramos consolidar as ações e atividades realizadas no processo de vendas, tendo em vista a construção de relacionamentos e a manutenção lucrativa dos clientes.

PENSANDO NO PROCESSO DE VENDAS

Pensemos na história do alpinista que, em sua escalada, puxou a corda que o sustentava pela primeira vez. A corda não cedeu. Julgou então que já estava suficientemente fixa, não se permitindo mais tentativas para certificar-se da segurança da escalada. Estava ansioso por galgar logo aquela montanha. O cenário era lindo. No entanto, passados 15 minutos de subida, eis que sentiu um pequeno deslize, como que um vazio, e veio o inesperado. A corda se soltou de um grampo mal fixado.

Se fizermos uma analogia com essa breve história, veremos que toda venda é uma grande escalada. Executá-la poderá ser fácil ou difícil. Depende da postura assumida pela empresa – e, principalmente, da postura do vendedor, de sua atitude. Não necessariamente isso tem a ver com quão íngreme é o paredão. Escaladas supostamente fáceis podem se transformar em grandes contratempos, como no caso citado. O necessário é que você se assegure de estar com o equipamento certo e de saber como usá-lo de uma forma segura. Encarar uma venda às cegas, sem a devida preparação, é como tentar subir uma montanha prendendo-se a uma corda frouxa ou mal fixada; você pode até não cair, mas, sem dúvida, estará correndo um grande risco.

O vendedor deve estar sempre preparado: deve conhecer todos os procedimentos e produtos da empresa, saber se o contato que está realizando é realmente com um cliente potencial, procurar conhecer suas características e práticas de compras e comportamento, estar ciente das técnicas e métodos mais eficazes para cada perfil de cliente, saber apresentar seus produtos e serviços, superar objeções e saber como manter os clientes. Só assim ele conseguirá maximizar suas vendas, tanto em quantidade (volume) quanto em qualidade (rentabilidade para a empresa e satisfação dos clientes), e minimizar seu desperdício de tempo e outros importantes recursos.

É óbvio que existem pessoas mais ou menos convincentes, mais ou menos comunicadoras, mais assertivas, etc., características inegavelmente fundamentais em um profissional de vendas. Entretanto, o segredo de um eficiente vendedor não se resume a isso. Ser dotado de tais qualidades não basta. O caminho está muito mais na preparação para a venda, ou seja, no que se faz antes e também depois dela. Não há dúvida de que o momento com o cliente é crucial – não pensamos diferente (é a escalada!) –, mas, a médio e longo prazo, um vendedor será bem-sucedido quanto mais trabalho antes e depois do atendimento estiver presente. Uma seqüência de atividades, que chamamos aqui de processo de venda (Figura 1.1), é o caminho para estabelecer vínculos com clientes e tornar-se um vendedor de sucesso.

O que queremos dizer é que mais vale estabelecer rotinas de trabalho em vendas do que investir tempo em querer ser uma pessoa "capaz de vender tudo para todos", típica sentença que resume o vendedor do passado.

É com esse intuito que *Vendas: técnicas para encantar seus clientes* foi elaborado. Destinado a vendedores e representantes de todos os segmentos e mercados, este livro apresenta um conjunto de conceitos e ferramentas úteis para serem usados no seu dia-a-dia, de modo a facilitar seu trabalho e alavancar seu desempenho.

COMPREENDA SEU VALOR E SEU PODER NA EMPRESA

Muitas vezes se esquece que o vendedor é uma das pessoas fundamentais na concretização do negócio de uma empresa, coisa que, além de revelar extrema ignorância, é também um enorme desperdício.

O valor do vendedor para uma empresa está na oportunidade que tem de concretizar as estratégias formuladas para todo o programa de *marketing* composto por itens como produto/serviço, preço, comunicação e distribuição.

Ao explicar a cada cliente, por meio de uma comunicação adaptada, os atributos de um **produto ou serviço**, o vendedor deixa claro como esses atributos proporcionam os benefícios buscados. Mais do que isso: esclarecendo como o produto deve ser utilizado, auxiliando no treinamento de funcionários de clientes, entre outras atividades, o vendedor é o próprio serviço de apoio da empresa aos consumidores. Ele negocia o **preço** dentro das condições estipuladas pelo consumidor e, finalmente, ajuda a empresa a disponibilizar o produto ou serviço dentro dos processos de **distribuição**.

O vendedor é a pessoa com mais condições de ter informações privilegiadas, na medida em que passa o tempo todo "pesquisando o mercado", ouvindo comentários a respeito do produto, da empresa, da concorrência, emitidos por quem julgamos ser a parte fundamental de qualquer negócio: o cliente!

Mas não é qualquer vendedor que saberá usar esse poder a seu favor. Para isso, ele precisará aplicar ferramentas profissionais a seu trabalho, seguindo cada uma das etapas do processo de vendas tratadas nesta obra.

O presente livro também o ajudará a entender a interface do seu trabalho com as outras áreas da empresa, de modo que você estará apto a prestar sua contribuição, mostrando seu valor e, conseqüentemente, conquistando mais poder!

OLHANDO PARA OUTRAS ÁREAS DA EMPRESA COMO APOIO, E NÃO COMO ADVERSÁRIAS NO PROCESSO DE VENDAS

As empresas insistem em ter uma concepção funcional dos seus negócios. Seus membros tendem a enxergá-la de DENTRO PARA FORA, razão pela qual a vêem como um conjunto formado pelas áreas de produção, vendas, *marketing*, financeira, recursos humanos. No entanto, olhando-a de FORA PARA DENTRO – ou seja, da perspectiva do cliente –, há aí uma empresa que potencialmente pode resolver seus problemas. Simples isso. O cliente não está preocupado com a realidade e os problemas das áreas de produção, financeira ou comercial, e sim com o que comprou e como aquele produto pode satisfazer às suas necessidades.

Quais são os erros clássicos das empresas no que diz respeito à integração da área de vendas com outras áreas? Vejamos se você encontra em sua empresa alguns dos problemas apresentados adiante. Caso não encontre, parabéns: sua empresa não tem dificuldades de integração com a área de vendas. Caso contrário, não desanime: esse é um problema comum à maioria das empresas.

Guerra do setor de vendas contra a área financeira. Os vendedores são tidos como irresponsáveis que querem vender tudo a qualquer preço, sem se preocupar com a capacidade de pagamento do cliente, nem mesmo com a rentabilidade do negócio. Por outro lado, a área financeira é vista como um "obstáculo à realização de negócios": "Ahhh, se o pessoal da área de crédito aprovar....".

Guerra do setor de vendas contra as áreas de produção e estoque. Enquanto na área de produção existe uma preocupação com a minimização de custos, na de gestão de estoques a mesma preocupação faz com que o objetivo seja diminuir os níveis estocados. Ambas as áreas são cobradas por isso. Já a área de vendas quer aumentar a produção e o estoque, para não perder a chance de vender! Afinal, é cobrada por isso! Trava-se, assim, um confronto acirrado entre esses setores. Que vença o melhor!

Guerra do setor de vendas contra a área de marketing. Para o setor de vendas, a área de *marketing* corresponde à turma da propaganda, da organização de eventos, um setor que desperdiça recursos em ações de comunicação da marca, está longe da realidade dos clientes e não consegue gerar soluções para o dia-a-dia dos negócios. Na visão do *marketing*, o setor de vendas é composto por um bando de gente míope, que não consegue enxergar um horizonte maior do que um único dia, danifica o valor da marca e não sabe vender o valor dos produtos, razão pela qual só faz pedir descontos!

Como resolver esses problemas? O presente livro discutirá de que forma a boa realização do processo de vendas pode saná-los. Para tanto, é importante destacar o papel da direção da empresa, dos vendedores e das outras áreas. Queremos discutir de que modo o vendedor inicia proativamente esse processo de integração e influencia as outras áreas para que trabalhem para os clientes, e não para si mesmas.

Na produção, você poderá contribuir com idéias para novos produtos, novos serviços, melhorias nos produtos e serviços atuais, além de checar a satisfação dos clientes. Tudo isso você também poderá fazer em relação à concorrência.

Na área financeira, você poderá ajudar a empresa na administração do crédito, do fluxo de caixa e do nível de preços praticáveis.

No *marketing*, você geralmente poderá dar idéias quanto a ações de comunicação local, melhoria em canais de distribuição, diversificação de negócios, entre outros, além de comentários sobre as ações da concorrência.

Para a área de recursos humanos, você poderá contribuir recomendando a contratação de vendedores *trainees*, vendedores da concorrência ou outros profissionais com os quais tenha contato no mercado. Ademais, você poderá recomendar treinamentos e qualificação. Esses pontos aparecerão ao longo dos capítulos.

Por que contribuir com a empresa? Logicamente, porque você precisa dela para realizar suas vendas. Precisa do apoio dessas áreas para que o processo de vendas termine bem, para que o crédito seja bem administrado, para que o produto seja entregue pela área de expedição, para que o serviço seja prestado de maneira correta, para que, quando surgirem problemas, a área de qualidade possa resolvê-los. Entretanto, você deve acompanhar esse processo e saber se o cliente ficou satisfeito.

Um vendedor profissional está ciente, portanto, do poder que as informações que possui lhe conferem, usando isso em favor de sua atividade, da satisfação de seus clientes e, naturalmente, para o próprio progresso na carreira. Vamos às ferramentas profissionais de vendas! Vamos Dominar o Processo de Vendas!

1 PROSPECÇÃO E QUALIFICAÇÃO DE CLIENTES

CASO DE ABERTURA

Um vendedor de uma concessionária de veículos está postado à frente de um modelo novo que acabou de chegar, quando um cliente em potencial entra na loja. Prontamente o vendedor dá início a uma conversa com ele.

Vendedor: Bom dia! Em que posso ajudá-lo?

Cliente: Bom dia! Estou procurando um carro novo e avalio alguns modelos e marcas, em busca de opções...

V: Ótimo, vamos ver o que podemos oferecer ao senhor. Sua utilização é mais para passeio ou trabalho?

C: Eu trabalho com o carro, mas ele fica parado o dia todo.

V: E o senhor é casado, tem filhos? Quantos?

C: Sim, tenho dois. Um casal. Costumo passear com a família nos finais de semana também.

Com base nesse conjunto inicial de perguntas e informações, o vendedor já pôde identificar algumas necessidades do cliente: um veículo para deslocamento até o trabalho e passeios com a família, não necessariamente pequeno nem econômico e que aparentemente não "roda" muito. Assim, enquanto caminhava com o cliente, que ia observando alguns veículos expostos, o vendedor procurou obter mais detalhes:

> V: O senhor procura um carro seminovo, ou gostaria de ver nossas opções de veículos 0 km?
>
> C: Dependendo das condições, eu tentarei partir para um veículo zero, mas, se não for possível, gostaria de ver alguns seminovos.

Enquanto isso, o vendedor apresenta os modelos novos disponíveis, deixando o cliente entrar nos carros e ir avaliando as opções. Ao falar sobre os veículos, suas características, etc., continua fazendo algumas perguntas:

> V: O senhor pretende colocar seu carro na troca, ou vai comprar um veículo adicional para a família?
>
> C: Não, vou trocar. Para isso, preciso também que avaliem o meu usado, que, a propósito, está bem conservado.
>
> V: Claro, já vou solicitar isso ao nosso departamento responsável. Se conseguirmos um bom valor na troca, o senhor pretende pagar a diferença à vista, ou gostaria de verificar nossas opções de financiamento? ...

O que mostra esse diálogo inicial? O que pretende o vendedor ao inserir algumas questões durante sua conversa com o potencial cliente? Ora, está tentando identificar as necessidades do consumidor e verificar se terá opções (modelo de veículo, tamanho, valor, forma de pagamento, etc.) que se adaptam a tais necessidades. Chamamos essa atividade, que corresponde à etapa inicial do processo de vendas, de prospecção e qualificação.

VISÃO GERAL

No presente capítulo, discutiremos as atividades de prospecção e qualificação de novos clientes, que devem ser realizadas sistematicamente pelos vendedores. Veremos que esses dois tipos de atividades do trabalho do vendedor complementam-se para possibilitar o crescimento das vendas em quantidade (volume) e qualidade (boas margens e bom relacionamento), além de serem de extrema importância para as etapas posteriores do processo de vendas. A pergunta central deste capítulo é a seguinte: *Os vendedores sabem e utilizam sistematicamente técnicas para buscar novos clientes, tendo claro como selecionar um cliente com melhor potencial?*

OBJETIVOS DO CAPÍTULO

Depois de ler este capítulo, você será capaz de:

- entender a importância e a necessidade de buscar novos clientes;
- identificar as situações em que se devem prospectar novos clientes;
- saber onde e como procurar novos clientes; e
- qualificar esses clientes de acordo com suas características específicas.

1.1 Prospecção de novos clientes

Durante o trabalho de vendas, muitas vezes há momentos em que o vendedor deve buscar novas oportunidades, seja vendendo mais para os clientes atuais ou procurando novos clientes que possam adquirir seus produtos ou serviços. A etapa de prospecção envolve a procura e identificação de empresas e pessoas que possam aceitar as ofertas do vendedor. Dessa forma, além do contato com potenciais clientes, o trabalho de vendas também exige que o vendedor atue de maneira a qualificar esses contatos, reconhecendo os potenciais clientes e os que interessam ou não à empresa.

Na busca de novos clientes, os vendedores devem considerar as possíveis origens desses contatos: informações demográficas (como características socioeconômicas, renda e idade, no caso de consumidores finais, e tamanho, faturamento, ramo de atividade, etc., no caso de empresas), geográficas (localização desses clientes), comportamentais (estilo de vida, preferências e hábitos de consumo, no caso de consumidores, comportamento e processo de compra, no caso de empresas), referências e indicações comerciais, indicações de amigos e conhecidos, guias comerciais e listas telefônicas, contatos por intermédio de sua rede de influência, publicações comerciais, propagandas, contatos diretos (pessoais ou por telefone), *telemarketing*, *websites* e feiras.

Os primeiros contatos, sejam eles por telefonemas, visitas ou abordagem direta, só servem para estabelecer o início do relacionamento e conhecer a realidade do cliente. O vendedor deve ter em mente que poderá estar dando início aí a um relacionamento comercial. Assim, é preferível obter detalhes, informações e características do cliente que sejam úteis para a venda e para a empresa.

A venda propriamente dita pode até não ser efetuada nos contatos iniciais; de qualquer forma, a descoberta de um excelente potencial de vendas é mais importante do que uma venda isolada, assim como são importantes identificar as razões pelas quais potencial cliente pode deixar de sê-lo, de forma definitiva. É necessária muita atenção aos detalhes: ao que foi falado e ao que foi percebido, pois o contato inicial é uma das partes mais importantes da qualificação.

A prospecção é um expediente importante para o vendedor aumentar as opções de clientes a serem atendidos, visto que quanto maior for o número de clientes prospectados, maiores serão as chances de encontrar futuros parceiros. A Figura 1.2 ilustra esse processo.

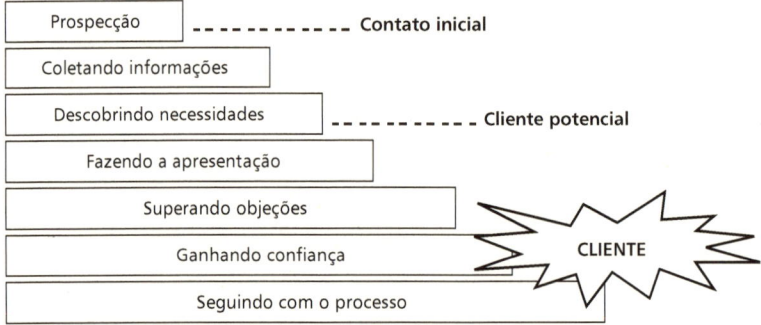

Figura 1.2 Processo de prospecção de novos clientes.
Fonte: Weitz; Castleberry; Tanner (2001).

1.1.1 Quando prospectar novos clientes?

Infelizmente, muitos vendedores constroem uma carteira de clientes, desenvolvem com eles um bom trabalho, mas se esquecem de continuar prospectando novas oportunidades junto a outros clientes. Apesar de o trabalho de prospecção ser teoricamente uma constante, existem algumas situações que reforçam essa necessidade. Se suas vendas cada vez mais se concentram em poucos e antigos clientes, você deve observar alguns pontos que também denunciam a necessidade de investir na prospecção de novos clientes:

a) **Baixo giro dos produtos ou freqüência de clientes** – A concentração de suas vendas em poucos clientes ou em clientes a quem você já atende acaba levando a um giro menor nas vendas, em razão de compras esporádicas dos clientes de sempre.

b) **Baixo volume de vendas** – Apesar do potencial de sua região de atuação, suas vendas não crescem e estão até diminuindo em volume e faturamento.

c) **Lançamento de novos produtos e serviços** – Novos produtos e serviços geram maior demanda pela oferta da empresa, e criam novos mercados, pois buscam atender a necessidades ou públicos não contemplados anteriormente. Assim, quando a empresa que você representa lança novos produtos e serviços, além de oferecer essas novidades aos clientes atuais, é de extrema importância oferecê-las também a novos clientes.

d) **Quando o potencial de certa região não é devidamente explorado** – Apesar de haver boa quantidade e giro dos produtos, você nota que a região em que atua possui um grande número de habitantes com bom poder aquisitivo. Logo, há espaço para o aumento das vendas, e seus esforços serão decisivos no aproveitamento desse potencial.

1.1.2 Como prospectar novos clientes?

Ainda que esteja convencido da necessidade de prospectar novos clientes para alavancar suas vendas, talvez você se pergunte: *Como vou fazer isso? Onde procurar? Por onde começar?* Eis algumas dicas que você poderá utilizar para prospectar novos clientes:

a) **Solicite aos clientes atuais que indiquem nomes** – Conversas informais com os atuais clientes sobre novos clientes costumam ser proveitosas. No caso de consumidores finais, o boca a boca pode ajudar muito na divulgação de sua empresa e seu trabalho. Ao solicitar indicações, você estará fazendo o inverso desse processo. No entanto, convém ter cuidado ao utilizar essa técnica, principalmente quando se trata de clientes empresariais, visto que novos clientes para você podem ser concorrentes para seu cliente. Procure sempre fazer isso de maneira sutil e com clientes que você tenha bom relacionamento.

b) **Associações setoriais** – As associações setoriais, como a associação comercial e industrial e os sindicatos de sua cidade, podem ser boas fontes de informações quando se trata de prospectar novas empresas e clientes.

c) **Distribuidores e vendedores não-concorrentes e concorrentes** – Sempre é possível colher informações com outros vendedores, principalmente aqueles não-concorrentes. Em alguns casos, empresas não-concorrentes podem compartilhar seus bancos de dados, aproveitando oportunidades cruzadas. No entanto, nunca ofereça seu cadastro de clientes a qualquer um; é necessário ser cauteloso nesse processo e suprimir informações que sejam sigilosas e estratégicas para você e sua empresa.

d) **Outras fontes de informações** – Você também pode examinar outras fontes de informações, como jornais, revistas especializadas, classificados, lista telefônica (páginas amarelas), para procurar empresas que se encaixem no perfil e segmento ao qual você atende. Para isso, é preciso ter claro o perfil em vista, o setor da empresa, seu porte, a região onde atua, entre outras características.

e) **Pesquisa por bairro ou região** – Quando seu trabalho de prospecção está partindo do zero, procure seguir um roteiro planejado, acompanhando os locais que já visitou, para evitar retrabalho e desperdícios de recursos. Um mapa sempre ajuda.

f) **Banco de dados antigos** – Apesar de ser esse um recurso pouco utilizado, você pode solicitar na sua empresa uma relação de clientes que pararam de comprar e retomar o contato. Lembre-se de começar o trabalho identificando os motivos pelos quais esses clientes deixaram de comprar de sua empresa, para não repetir possíveis erros do passado.

g) **Invista em seu posicionamento técnico** – Escrever artigos sobre o que vende é uma forma de mostrar conhecimento técnico e gerar novos contatos. Recorra às revistas setoriais e procure escrever sobre aspectos do que vende que sejam fundamentais para seus clientes. Há advogados e médicos, por exemplo, que cumprem muito bem essa função quando falam sobre os benefícios dos serviços que oferecem.

h) **Prêmio a atuais clientes por indicação** – Você pode utilizar descontos, prêmios ou brindes quando um atual cliente contribuir com uma boa indicação. Para cada negócio, você deve analisar como implementar essa idéia, que é uma forma de incentivar seu cliente a ajudá-lo, além de premiar seu relacionamento com ele.

i) **Ofereça consultoria gratuita** – Vendedores que trabalhem num segmento de produtos e serviços que permita oferecer um processo de avaliação do cliente e mostrar-lhe de que modo o produto ou serviço oferecido pode ajudá-lo a alcançar seus objetivos devem valer-se disso para diminuir a resistência aos primeiros contatos. Um vendedor de insumos pecuários, por exemplo, pode oferecer consultoria para a avaliação de um rebanho e, depois disso, mesmo que o potencial cliente não compre seu produto, pedir a indicação de um produtor que precise (veja bem: precise) receber tal avaliação. Essa indicação é mais precisa e menos difícil de obter do cliente.

j) *Telemarketing* **e suporte a vendas** – Seguramente, o trabalho de prospecção leva tempo e não constitui um momento de real interação com o cliente. Você pode contar com a ajuda de um *telemarketing* ou suporte a vendas para buscar novos nomes, principalmente em listagens gerais e bancos de dados amplos. Assim, você estará liberando seu tempo para a interação de fato. Esse trabalho pode avançar para a etapa de qualificação, discutida na Seção 1.2, a seguir.

k) **Troque indicações inteligentes** – Monte sua rede! A melhor forma de conseguir indicações é indicar clientes para aqueles que podem fazer o mesmo com você. Essa é a melhor maneira de construir uma rede de benefícios mútuos com outros profissionais de vendas, empresários e mesmo com seus atuais clientes. A cada indicação que fizer, esteja certo de que isso lhe valerá no mínimo o mesmo número de novos clientes!

1.2 Qualificação de novos clientes

A qualificação de novos clientes consiste em determinar se o cliente é, realmente, potencial para a empresa. No caso de consumidores, é preciso determinar se eles têm autoridade para comprar e habilidade para pagar pelo bem ou serviço, cabendo ao vendedor identificar se o cliente tem alguma necessidade que pode ser atendida com sua oferta e se está receptivo e acessível a um contato ou visita de venda.

No processo de qualificação do cliente, devem-se verificar os hábitos, o volume e a freqüência de suas compras, além de outros critérios estabelecidos pela empresa e pelo próprio vendedor. Só assim será possível decidir se esse é um cliente potencial que pode trazer benefícios para a empresa e averiguar o tamanho do esforço que terá de ser empreendido para que ele se torne um cliente ativo. Para isso é importante verificar algumas características estruturais, comerciais e financeiras do cliente. A Figura 1.3 ilustra o processo de qualificação de novos clientes empresariais.

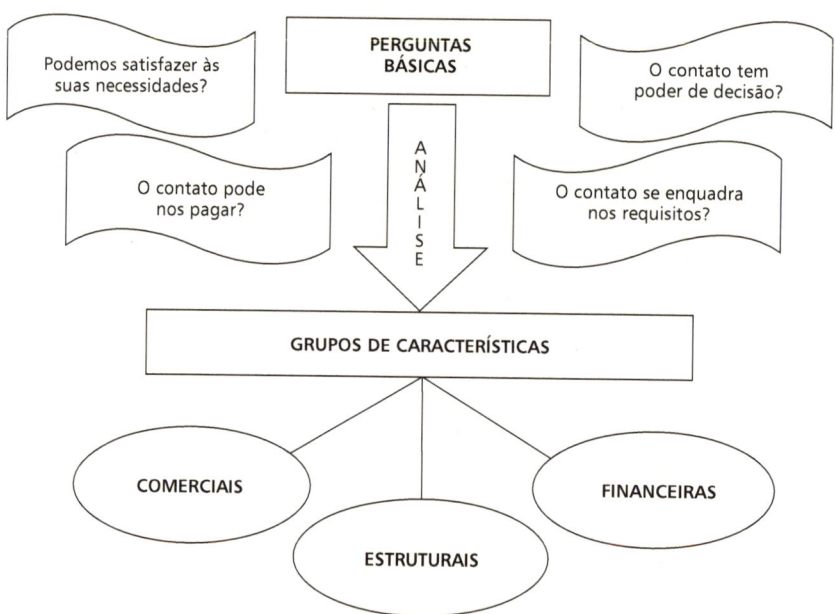

Figura 1.3 Processo de qualificação de clientes empresariais.
Fonte: Elaborado pelos autores.

No que diz respeito aos consumidores finais, o processo de qualificação segue a mesma lógica, como comentaremos a seguir, mas está mais voltado à questão das necessidades e aspectos financeiros desses clientes.

1.2.1 Características estruturais

As características estruturais do cliente estão relacionadas a seu tamanho, localização e estrutura para armazenar o produto, leiaute, etc.

- a) **Tamanho do cliente** – A dimensão do cliente nem sempre indica que ele é mais importante do que outros de menor porte. Ainda assim, é importante avaliar essa característica, na medida em que está diretamente relacionada ao espaço de exposição que ele disponibilizará para seus produtos. No caso de consumidores finais, ela está associada à sua freqüência de compra e venda, fatores que geralmente determinam um maior ou menor consumo.
- b) **Localização do cliente** – Consiste em avaliar a localização, seja um bairro ou região, em que o cliente esteja estabelecido, levando em conta fatores como o poder aquisitivo da população local e a quantidade de concorrentes que vendem produtos e serviços similares e concorrentes nas proximidades.
- c) **Leiaute do cliente** – Apesar de essa ser uma característica exclusiva de clientes empresariais, principalmente no caso de varejistas, o cliente deve apresentar um visual agradável, sem poluição. Grandes estoques não são importantes nesse caso, e sim a dimensão da área de vendas. Deve-se também verificar o tamanho da área de exposição que será destinada aos produtos de sua empresa.

1.2.2 Características comerciais

As características comerciais do cliente envolvem itens como necessidade de compra, volume de negócios realizado, grau de fidelidade e relação com os concorrentes, propensão a formar parcerias, probabilidade de continuar no mercado e realizar compras futuras junto à sua empresa, bem como o retorno de antigos clientes que querem voltar a comprar do vendedor.

a) **Necessidade de compra** – Aqui, você precisa verificar se há algum produto ou serviço de sua empresa que satisfaça às necessidades do comprador. Questionamentos iniciais e o contato próximo podem lhe proporcionar informações suficientes para determinar se existe alguma necessidade.

b) **Volume de negócios** – O volume vendido deve ser satisfatório para manter a transação. Nas primeiras vendas não se devem esperar grandes volumes, mas estes devem crescer a cada venda.

c) **Grau de fidelidade e relação com os concorrentes** – Avaliar os produtos consumidos ou comercializados por seus clientes potenciais pode dizer muito sobre eles. Aqui, como tarefa fundamental do processo de qualificação, você pode tentar verificar o *mix* produtos/serviços e as marcas presentes no cliente. A partir dessas informações, será possível saber se esse cliente trabalha voltado mais para os preços, ou seja, se dá maior ênfase a produtos de alto giro e apresenta marcas de segunda linha, ou se busca vendas de produtos com maior valor agregado, focalizando produtos com marcas de primeira linha. O *mix* dos produtos concorrentes encontrados também é importante, pois há marcas que possuem maior rigor em termos de pagamento, de modo que a presença de tais produtos conta pontos para as qualificações financeiras do cliente.

d) **Probabilidade de continuar no mercado** – Ao qualificar um novo cliente, procure saber, no caso de empresas, se já estão bem estabelecidas no mercado e se seus proprietários gozam de "boa fama na praça". No caso de ser um consumidor e o valor da transação for muito elevado, sempre é bom procurar referências pessoais.

e) **Busca e desenvolvimento de parcerias** – Sempre que possível, o vendedor deve buscar clientes com potencial para se tornar parceiros fiéis, que levem seus clientes a ser fiéis à marca da empresa. No caso de consumidores, o simples fato de levarem informações de sua empresa a outros consumidores é um bom indicativo de que podem lhe trazer diversos benefícios.

f) **Antigos clientes que pararam de comprar** – É importante saber se o cliente a ser qualificado já foi cliente da empresa no passado. A partir disso, você poderá verificar por que ele deixou de comprar seus produtos. Casos de inadimplência e problemas com outros vendedores são os motivos mais freqüentes. Nessas ocasiões, você precisará de jogo de cintura, devendo voltar sua atenção para as necessidades do cliente e os benefícios que poderá oferecer a ele.

1.2.3 Características financeiras

No processo de qualificação, as características financeiras do cliente determinam principalmente sua capacidade de pagamento e possíveis formas de recebimento no caso de inadimplência. Assim, os seguintes pontos devem ser considerados:

- a) **Histórico do cliente** – Deve-se procurar saber, junto a outros clientes e vendedores, se o cliente em questão tem, ou teve recentemente, dificuldades para quitar suas obrigações e se tem "fama na praça".
- b) **Credibilidade** – Consiste na verificação do prazo em que os pagamentos são efetuados. Se determinado cliente apresenta um grande número de atrasos em seus pagamentos, não é aconselhável disponibilizar-lhe um alto volume de vendas a prazo. Além disso, deve-se submetê-lo a um rígido processo de aprovação de crédito.
- c) **Cadastro** – Quando da abertura do cadastro de um novo cliente, as normas estabelecidas pela empresa devem ser cumpridas rigorosamente, com toda a documentação e as informações necessárias devendo ser enviadas às áreas responsáveis pelos serviços de crédito e cobrança. Nesse momento, é muito importante haver sincronia entre o "homem do campo" e o responsável pela análise, para que o crédito seja concedido de forma a maximizar os ganhos de ambas as partes.
- d) **Empresas novas** – Em muitas empresas é vetada a venda a prazo para clientes (empresas) com menos de um ano no mercado. Isso se deve à branda legislação brasileira para casos de inadimplência e aos dados históricos da empresa.
- e) **Bens e garantias** – Obter informações sobre possíveis bens e garantias que se podem exigir do cliente é muito importante, pois, em uma eventual situação de insolvência dele, a empresa só receberá algo do que é devido se o cliente possuir bens em seu nome. Caso você se sinta constrangido em solicitar tal informação, poderá obtê-la nos cartórios de registro de

imóveis apenas com o nome e o CPF (ou razão social e CNPJ) do cliente. Essa informação é pública.

f) **Risco** – Entende-se por risco as chances de o cliente se tornar insolvente. Um cliente nunca está totalmente livre de riscos, devendo-se observar portanto, além de sua situação atual, todos os cenários de mudanças internas e externas que possam causar problemas a ele.

g) **Antigos parceiros** – É importante verificar quando um cliente que deseja comprar de você está realizando uma troca de fornecedor e entender por que ele descartou um antigo parceiro. Essa troca pode ter várias razões, entre elas a inadimplência junto ao antigo fornecedor.

h) **Compras de alto valor** – Referimo-nos aqui às situações em que uma empresa ou consumidor que normalmente compra pouco resolve fazer uma compra muito grande, sem motivos aparentes. É possível que ele queira ganhar na escala ou que tenha como estratégia diminuir drasticamente seu preço ao consumidor (no caso de ser um varejista), o que poderia prejudicar o posicionamento do produto de sua empresa e atrapalhar a concorrência natural da região onde ele está estabelecido.

i) **Restrições** – Protestos, cheques sem fundo, negativação em serviços de informação como o Serasa e CPF cancelado são algumas das restrições mais freqüentes enfrentadas pelos clientes. Quando isso ocorrer, o cliente só poderá comprar à vista ou a prazo com garantias reais – hipoteca ou fiança bancária. Esse ponto deve ser respeitado tanto para pessoas físicas quanto jurídicas.

j) **Negociação** – Nos dias de hoje, não se deve utilizar o termo "cobrar", e sim "negociar". Para obter bons resultados nas negociações, o vendedor (caso esteja realizando a tarefa de cobrança) deve ser flexível, educado e jamais ameaçar o cliente. Manifestações positivas como "você precisa pagar para podermos continuar o seu fornecimento, pois nossa parceria é muito importante" é muito mais eficiente do que admoestações como "pague, senão seu pedido não será liberado". Você também deve lembrar que é muito importante começar a negociar o mais rápido possível, pois quem negocia antes tem mais chances de receber primeiro.

1.3 Como a tecnologia de informação pode ajudar você na prospecção e qualificação de novos clientes

A ferramenta da tecnologia de informação é importante porque pode potencializar o trabalho do vendedor. Todavia, é importante ressaltar que essa ferramenta de automação por si só não resolverá o problema. No presente tópico, esperamos mostrar usos inteligentes de ferramentas voltadas para a melhoria dos desempenhos.

No mercado, existem diversas empresas com ferramentas de sistemas de tecnologia de informação muito poderosas, mas com pouquíssima ou nenhuma utilização. Isso se deve ao fato de não haver nelas uma rotina de trabalho nem a compreensão de como tal processo pode enriquecer a atividade do vendedor. O sistema de tecnologia de informação deve ajudar as rotinas existentes, e não novas rotinas devem ser criadas para contemplar um sistema comprado.

No que se refere às atividades de prospecção e qualificação, a tecnologia de informação pode ajudar o vendedor de diversas formas, já que disponibiliza ferramentas para que ele com o mesmo tempo investido, chegue a um número maior de nomes para a qualificação e tenha critérios mais amplos e possíveis de serem checados nessa atividade. Vejamos alguns exemplos:

- Com *sites* de busca como http://www.google.com.br e http://www.yahoo.com.br é possível procurar as empresas de um determinado setor por palavra-chave, em questão de segundos.
- As associações setoriais geralmente apresentam bons dados do setor e de seus associados na Internet, como demonstram a Associação Brasileira dos Exportadores de Frango (http://www.abef.com.br) e Associação da Indústria de Trigo (http://www.abitrigo.com.br).
- A relação de contatos pode ser rapidamente passada, por *e-mail*, da área de suporte de vendas para os vendedores no campo, com informações atualizadas sobre qualificações recentes.
- Os vendedores podem acessar o sistema interno de dados da empresa para obter nomes de clientes inativos, ou esses nomes podem surgir no sistema do vendedor, em seu *laptop* automaticamente dado um certo período de inatividade do cliente.

- Os dados de qualificação do vendedor ficam armazenados no sistema, para que um novo vendedor não tenha de perder tempo visitando clientes sem potencial.
- O sistema avisa o vendedor sobre um determinado cliente qualificado no passado, mas que não quis estabelecer contato naquele momento, ajudando o vendedor a gerenciar seu tempo entre os novos clientes e os clientes atuais.
- Existem diversos *sites* de consulta rápida ao crédito ou à situação da empresa, como o Serasa (http://www.serasa.br) e o Usecheque, da Associação Comercial de São Paulo (http://www.acsp.com.br), além de diversos sistemas mais recentes, como http://www.chequefacil.com.br, http://www.chequebom.com.br e http://www.chequeok.com.br. É preciso, no entanto, ver qual dessas organizações é mais relevante para o seu negócio.

Para mais informações sobre como desenvolver e preencher fichas cadastrais e fazer análise de crédito e qualificação de clientes, acesse os seguintes endereços:

- http://www.serasa.com.br
- http://www.sebrae.com.br
- http://www.equifax.com.br
- http://www.bb.com.br/portal/emp/mpe/dwn/Cadastro.pdf
- http://www.listaderiscos.com.br
- http://www.paradigma.com.br

1.4 Atividades e ferramentas para inserção em sua rotina de trabalho

Como as atividades de prospecção e qualificação envolvem o levantamento de informações sobre os clientes, sugerimos que você desenvolva uma ficha de cadastro de seus clientes.

Essa ficha pode ser informatizada (uma tela de cadastro) ou não. O importante é que você selecione as informações cadastrais mínimas, que geralmente envolvem dados fiscais e de faturamento. Entretanto, sugerimos que, já no ato do cadastro, você procure obter informações sobre necessidades, características, potencial, entre outros dados relevantes sobre seus clientes. As Figuras 1.4 e 1.5 exemplificam fichas de clientes.

Como sugestão adicional, antes de iniciar as atividades de prospecção e qualificação de clientes, você pode fazer uma avaliação dos segmentos de mercado a que pretende atender, concentrando suas atividades nos segmentos mais atrativos e evitando o desperdício de esforços. A Figura 1.6 exemplifica uma ferramenta que pode auxiliá-lo na análise de segmentos. Caso queira aprofundar-se nesse assunto, sugerimos consultar as seguintes referências:

- NEVES, M. F. *Planejamento e Gestão Estratégica de Marketing*. São Paulo: Atlas, 2005.
- KOTLER, P. *Administração de Marketing – a edição do milênio*. 10a. ed. São Paulo: Prentice Hall, 2000.

1.5 Resumo do capítulo e pontos de aprendizado de prospecção e qualificação

Neste capítulo, começamos nossa discussão sobre o processo de vendas e falamos das primeiras etapas que compreendem o trabalho do vendedor no seu dia-a-dia. Procuramos destacar a relevância do trabalho do vendedor para os outros processos da empresa e, assim, mostrar a importância de *dominar o processo de vendas*, aplicando os conceitos e as ferramentas disponíveis de modo que sua atividade seja desempenhada de maneira profissional e os resultados sejam satisfatórios para você e sua empresa.

Vimos que o trabalho de prospecção e qualificação representa o início do processo de vendas. Apesar de ser uma atividade que aparentemente gera pouco resultado, trata-se de um trabalho de extrema importância para as próximas etapas, influenciando a qualidade de sua carteira de clientes, suas estratégias de vendas e seu desempenho futuro. Pense nisso e faça da prospecção e qualificação parte da sua rotina de vendas.

FICHA DE CADASTRO

Razão social _____
Nome fantasia _____ Tel. _____ Fax _____
Endereço _____ Cidade _____
Estado _____ Cep _____ Cx. postal _____
Inscrição estadual _____ CGC _____
End. de cobrança/entrega _____ Cidade _____
Estado _____ Cep _____ Cx. postal _____ Tel. _____
Início das atividades _____ Capital registrado _____ Faturamento mensal _____
Prédio próprio _____ Valor do aluguel _____
Resp. compra _____ Resp. pagamento _____

Principais Sócios
Nome _____
RG _____ CPF _____ Quota _____
Nome _____
RG _____ CPF _____ Quota _____
Nome _____
RG _____ CPF _____ Quota _____

Referências Comerciais
Nome _____
Endereço _____
Nome _____
Endereço _____
Nome _____
Endereço _____
Nome _____
Endereço _____
Nome _____
Endereço _____

Referências Bancárias
Banco _____ Agência _____ Tel. _____
Banco _____ Agência _____ Tel. _____
Propriedades da firma ou dos sócios (endereço, escritura, registro, valor atual) _____

Outras Informações
_____
_____
_____
_____

Responsabilizo-me pela exatidão das informações prestadas.

Data ___/___/___ Nome do(a) responsável pela empresa _____

Assinatura(s) _____

Figura 1.4 Exemplo de ficha de cliente (pessoa jurídica).
Fonte: Adaptado a partir da ficha contida no *site* da editora Martins Fontes (www.martinsfontes.com.br).

Figura 1.5 Exemplo de ficha de cliente (pessoa física).

Fonte: Adaptado a partir da ficha contida no *site* da Isoldi S/A Corretora de Valores (www.isoldi.com.br).

Produto/Serviço/Marca/Empresa/Mercado:	
1 - DEFINIÇÃO DAS VARIÁVEIS DE SEGMENTAÇÃO	
1- 2- 3- 4-	
2 - DEFINIÇÃO DOS CRITÉRIOS POSSÍVEIS DENTRO DO SEGMENTO	
VARIÁVEL 01:	
1- 2-	3- 4-
VARIÁVEL 02:	
1- 2-	3- 4-
VARIÁVEL 03:	
1- 2-	3- 4-
VARIÁVEL 04:	
1- 2-	3- 4-
3 - DESCRIÇÃO DOS PERFIS DOS GRUPOS MAIS ATRATIVOS	
A) B) C) D) E) F)	
4 - ANÁLISE DE OPORTUNIDADES POR GRUPO/SEGMENTO	
A) B) C) D) E) F)	

Figura 1.6 Ferramenta para avaliação de segmentos de mercado.
Fonte: Elaborado pelos autores.

Ademais, destacamos a necessidade de empreender esforços para prospectar novos clientes, principalmente quando você identifica que

- o giro de vendas está caindo;
- o nível de serviços está baixo;
- o volume de vendas vem apresentando queda sistemática;
- as vendas estão concentradas em poucos clientes;
- o potencial de vendas de sua região ou área de atuação está sendo pouco explorado;
- sua empresa está investindo no lançamento de novos produtos e serviços.

Também discutimos e apresentamos algumas dicas para facilitar o trabalho de prospecção:

- solicitar indicações de nomes aos clientes e consumidores atuais;
- procurar obter informações em associações setoriais e locais;
- trocar informações com outros vendedores e distribuidores;
- procurar outras fontes alternativas, como jornais, revistas, correios, publicações, catálogos, listas, classificados, *websites*, empresas concorrentes, etc;
- utilizar o banco de dados de clientes inativos de sua empresa;
- explorar sua região, área de atuação ou bairro de maneira planejada.

Alinhadas às atividades de prospecção, apresentamos algumas questões relacionadas à qualificação de clientes como uma atividade para determinar seu potencial, considerando-se, para tanto, características estruturais como aparência, tamanho, local e leiaute, além de características comerciais, incluindo

- as necessidades de compra dos clientes;
- o volume de negócios;
- o grau de fidelidade e a relação com seus concorrentes;
- a probabilidade de continuidade no mercado;
- a propensão a formar parcerias;
- novas parcerias;
- antigos clientes que querem voltar a comprar.

Por fim, discutiram-se algumas características financeiras que devem ser consideradas durante o processo de qualificação, entre elas

- o histórico do cliente e sua credibilidade;
- a qualidade e exatidão do cadastro;
- o tempo no mercado (no caso de empresas);
- a disponibilidade de garantias e o risco do cliente;
- antigas parcerias e motivos para o fim do relacionamento;
- a cautela com grandes compras;
- informações restritivas;
- negociação para o recebimento de dívidas.

No próximo capítulo, avançaremos no processo de vendas, discutindo conceitos e ferramentas para melhorar o trabalho de preparação e abordagem dos clientes que você acabou de qualificar, bem como desenvolver suas habilidades para lidar com seus clientes atuais.

2 ABORDAGEM E APRESENTAÇÃO DE VENDAS

CASO DE ABERTURA

Durante uma viagem de negócios em companhia de outros dois integrantes de nossa equipe, estávamos nos dirigindo de Ribeirão Preto a São Paulo, onde tínhamos uma reunião das 11h às 15h em uma determinada empresa.

Em razão desse horário "ruim", paramos num desses postos de serviço para comer algo, pois não teríamos tempo para almoçar naquele dia. Ao entrarmos no posto, caminhamos pelo balcão, avaliando as opções do que comer, enquanto conversávamos sobre nosso horário escasso e que precisávamos ir rápido. Enquanto isso, uma gentil atendente nos observava do lado oposto do balcão.

Eu já estava quase pendendo para um pão-de-queijo rápido e um café, e meus outros colegas olhavam o menu de lanches na parede, quando então fomos educadamente abordados.

– Bom dia! Vocês estão procurando algo para comer rapidinho, não?

Já estendendo a mão, a atendente nos entregou três cardápios de opções de lanches e pratos rápidos e disse:

– Temos esses lanches (mencionando duas ou três sugestões) que ficam prontos em quatro minutos. Querem escolher?

Pedimos três sanduíches a partir das sugestões que a atendente mencionou.

Enquanto ela digitava os pedidos em um pequeno terminal, dirigiu-nos novamente a palavra:

– Querem se sentar (indicando uma mesa)? Eu levo o lanche a vocês.
– E emendou:
– Não querem beber algo? Temos suco de laranja natural.

Olhamo-nos por um instante. Por fim, eu disse sim, os outros colegas pensaram em pedir um refrigerante. Novamente a atendente se dirigiu a nós, dizendo:

– A laranja está muito boa, e, se pedirem uma jarra para os três, sai mais barato.

Novamente aceitamos sua sugestão e pedimos uma jarra de suco. Nesse meio-tempo, chegaram os lanches. Em questão de poucos minutos nos servimos, comemos os lanches e tomamos o suco. Quando estávamos quase terminando, novamente chega a atendente na borda do balcão e diz:

– Aceitam três cafezinhos?

Não preciso nem dizer qual foi o desfecho.

Essa pequena e simples experiência que descrevemos mostra algumas importantes atividades de pré-abordagem e abordagem. Primeiramente, a atendente observou o que procurávamos e identificou a necessidade que tínhamos de comer algo rapidamente: ela observara nossas conversas iniciais sobre o que pedir e o horário apertado de que dispúnhamos. Após identificar nossa necessidade naquele momento, quase instantaneamente ela definiu uma oferta que poderia nos satisfazer e realizou cordialmente a abordagem, oferecendo-nos seus produtos, destacando seus atributos e a rapidez do serviço. Completou o processo ao agregar o suco e o café enquanto estávamos no estabelecimento.

VISÃO GERAL

No presente capítulo, apresentaremos as atividades que envolvem a abordagem de vendas, sua preparação e execução. Introduzimos um conjunto de informações que o vendedor deve obter para aumentar suas chances de sucesso, bem como um esquema para entender o comportamento de compra do cliente e saber como utilizar esse conhecimento no processo de vendas. Destacamos também a importância de definir os objetivos da abordagem e de marcar visitas, além de aspectos específicos da abordagem pessoal. A pergunta central deste capítulo é: os *vendedores de sua empresa sabem como obter informações estratégicas sobre seus clientes a fim de desenvolver um processo excelente de vendas? E, uma vez obtidas essas informações, elas são armazenadas de forma adequada?* Estamos tratando aqui da inteligência de sua empresa acerca dos clientes.

OBJETIVOS DO CAPÍTULO

Depois de ler este capítulo, você será capaz de:

- planejar suas ações antes da abordagem;
- estruturar e utilizar ferramentas de planejamento de visitas;
- entender e avaliar o processo de decisão de compra dos clientes;
- definir objetivos claros e específicos;
- melhorar a *performance* das atividades de abordagem.

2.1 Pré-abordagem

As atividades descritas no Capítulo 1 procuraram demonstrar a importância, para o vendedor, do processo de prospecção e qualificação de clientes, processo que pode ser resumido como "desenvolvimento de clientes".

Uma vez incorporadas essas atividades de venda em seu dia a dia, novos clientes serão encontrados e, se qualificados corretamente, passarão a fazer parte da sua carteira.

Além disso, essas atividades envolvem a forma como você estabelece contato e interage com esses clientes durante o processo de prospecção e qualificação, bem como realiza suas visitas rotineiras de vendas. A tais atividades damos o nome de *abordagem de vendas*, que se inicia com a pré-abordagem. Ainda que a abordagem ocorra em qualquer contato com os clientes, focalizaremos aqui a abordagem realizada especificamente nos contatos e visitas de venda.

Dessa forma, antes de iniciar suas vendas, na pré-abordagem você deve estar seguro e familiarizado com os procedimentos operacionais e as características de sua empresa, bem como com as características dos produtos e serviços que irá oferecer a seus clientes, uma vez que é necessário *dominar todo o processo de vendas* para maximizar seu sucesso e melhorar seu desempenho de venda. A Figura 2.1 resume o processo de pré-abordagem e a abordagem.

2.1.1 Procedimentos operacionais e características da empresa

Para dominar o processo de vendas, é preciso desenvolver **habilidades técnicas** (destacadas neste capítulo), **habilidades de negociação** (abordadas no Capítulo 3) e **habilidades de relacionamento** (discutidas durante todo o livro, mas aprofundadas no Capítulo 4). Mas você precisa, antes de mais nada, conhecer bem

Figura 2.1 Processo de pré-abordagem.
Fonte: Elaborado pelos autores.

as características operacionais de sua empresa e manter contato com pessoas dos mais diversos departamentos, de modo a dinamizar seu processo de vendas e reduzir ao máximo o ciclo de vendas, desde o contato com o cliente até a entrega e o recebimento da venda.

O conhecimento que você precisa dominar – isto é, o conhecimento relativo aos procedimentos operacionais e às características da empresa que você está representando – envolve os seguintes aspectos:

a) **Como processar uma transação de venda** – Referimo-nos aqui a "passar o pedido", detalhando as informações necessárias e facilitando o processo de recebimento e processamento. Caso sua empresa utilize procedimentos manuais que envolvam entregas de pedido por papel, fax, telefone ou *e-mail*, você deve tomar cuidados especiais para evitar erros que possam desencadear problemas e atrasos no atendimento aos clientes. No caso de processos informatizados, como *websites* e *palmtops*, você é o único responsável pela exatidão dos dados do pedido, devendo administrá-los de forma precisa e organizada.

b) **Conhecer em detalhes as políticas de preços e promoções** – o objetivo aqui é tirar maior proveito das condições especiais durante sua validade e evitar fechar negócios quando essas condições terminam, pois não será possível cumprir políticas antigas, o que pode prejudicar a sua imagem como vendedor e a de sua empresa como fornecedora.

c) **Conhecer bem o sistema de abastecimento da loja ou estoque de seu cliente** – Você deve obter informações sobre capacidade, contatos, horários e demais fatores, transmiti-las a outros responsáveis na empresa e utilizar esse conhecimento em seu dia-a-dia.

d) **Processar devoluções** – Infelizmente, diversos erros são cometidos no dia-a-dia das operações de distribuição e vendas. Quantidades que não conferem, descontos não-concedidos, atrasos, entre outros fatores, acabam gerando problemas para o profissional de vendas. Dessa forma, é necessário saber processar essas devoluções de modo a minimizar as inconveniências para o cliente. Ter um bom relacionamento com as equipes operacionais internas pode facilitar esse processo. Se o erro foi seu, procure identificar as causas mais freqüentes e cuidar para que não tornem a acontecer. Se o motivo é externo, proceda da mesma maneira e reporte-se adequadamente aos responsáveis, para que eles possam tomar providências. Seja organizado. Use fatos e registros para embasar seus argumentos.

e) **Lidar com uma reclamação** – Algumas empresas possuem canais de comunicação para lidar com reclamações, mas em grande parte dos casos são os vendedores que as recebem em primeiro lugar. Avalie as causas de tais reclamações e seja cortês com o cliente, mesmo que ele não faça o mesmo! Caso a solução do problema esteja dentro do seu alcance, tente resolvê-lo imediatamente. Caso contrário, registre as reclamações, estipule um prazo para solucioná-las e encaminhe-as ao responsável, procurando acompanhar o processo. Jamais deixe de dar um retorno ao cliente sobre o que foi feito a partir de sua reclamação. A falta de respostas e a insatisfação do cliente podem prejudicar suas vendas futuras, para esse e para outros clientes.

f) **Conhecer a filosofia da empresa** – Com freqüência, os vendedores cometem erros por não conhecer bem a empresa em que atuam, sua missão, seus objetivos. Em função disso, a cada acontecimento a comunicação com o cliente muda, não havendo um padrão ou uma consistência nos argumentos, nas respostas e na atuação do vendedor. Isso geralmente compromete a sua imagem e a de sua empresa. Procure conhecer bem a filosofia da sua organização e aplique-a à sua rotina de trabalho. Ao contrário do que se pensa, essa falha não diz respeito apenas aos vendedores novatos; muitos vendedores experientes também cometem erros desse tipo. Se a empresa não apresenta sua filosofia de forma clara, procure conhecê-la por conta própria; interaja com as pessoas da organização e absorva sua cultura.

g) **Compreender o grau de autonomia para a tomada de decisões** – Durante o processo de vendas, o vendedor se depara com várias circunstâncias que exigem uma tomada de decisão, muitas vezes relacionada à concessão de um desconto adicional, entrega urgente, troca de produto, concessão de crédito, cancelamento de pedido, etc. Dependendo da empresa em que você atua ou de sua posição hierárquica, essas decisões podem não estar dentro do seu alcance. Assim, nunca prometa o que você não poderá cumprir, ou, ao menos, que não tem certeza de que poderá cumprir.

h) **Compreender as expectativas da empresa e da gerência quanto a seu trabalho** – Quase todos os vendedores têm metas, e os que não têm deveriam ter. As metas, principalmente as de vendas, são apenas parte do que a empresa espera do vendedor. Mesmo que não estejam explícitas, geralmente existem expectativas adicionais, como busca e compartilhamento de informações, algumas atividades administrativas, proatividade, trabalho em equipe, etc. Se você não sabe ao certo o que esperam de você, procure conhecer e superar essas expectativas. Se sua empresa for mais organizada que você, ela lhe mostrará, por meio de *feedback* e avaliações formais, onde você está indo bem e onde não está. Agora, se você for mais organizado que sua empresa, faça a sua parte, mantenha registros e apresente seu desempenho e os resultados alcançados, tanto no que se refere às vendas quanto a outras atividades.

2.1.2 Características dos produtos/serviços

Conforme destacado na Figura 2.1, para um bom desempenho no processo de abordagem, é necessário conhecer o *mix* de produtos e serviços sob sua responsabilidade. Apresentamos aqui algumas questões às quais você deve procurar responder.

É provável que você não tenha respostas para todas, sobretudo se estiver atuando há pouco tempo em sua empresa ou segmento. De qualquer maneira, procure estabelecer suas metas e buscar informações que o auxiliem a responder a essas questões, seja em documentos e materiais da empresa, junto a outros membros da equipe, pessoal técnico, mediante conversas informais com agentes da concorrência, *websites*, etc.

a. Quais as categorias e famílias de produtos e serviços da empresa?
b. Quais as características e os benefícios que eles proporcionam?
c. Dentro de uma mesma subcategoria de produtos ou serviços, quais são as características da oferta dos concorrentes?
d. Qual a melhor oferta do ponto de vista da relação custo/benefício?
e. Quais as tendências de mercado?
f. Quais são os preços e variedades dos concorrentes?
g. No caso de falta de estoque ou capacidade de prestação de serviço, quais os produtos e serviços substitutos?
h. Qual o aspecto mais diferencial de nossa oferta que deve ser enfatizado?

Essas questões sugerem que, no dia-a-dia, o vendedor deve estudar o cliente, avaliando suas necessidades, características e estilos de compra, além de procurar entender um processo mais amplo, que consiste em avaliar o cliente do cliente (pode ser outra empresa, intermediários, agentes ou o consumidor final), desenvolvendo um profundo conhecimento de suas necessidades e do que está envolvido em sua decisão de compra.

Ajudar seu cliente a vender é um aspecto que deve fazer parte de sua estratégia de vendas ou, no mínimo, ser considerado em sua análise, de modo a garantir negócios futuros. Além disso, é importante conhecer as características pessoais do comprador responsável pela negociação (quando for o caso de clientes empresariais), avaliando seu perfil, objetivos, aspirações, grau de profissionalismo e abertura para relações pessoais.

Esse levantamento de informações proporcionará ao vendedor maiores subsídios para estabelecer seus objetivos de vendas, a melhor forma de abordagem, o momento certo para pô-la em prática e ainda o auxiliará na estruturação de uma estratégia de vendas consistente.

A Figura 2.2 exemplifica esse processo cíclico. Nele, o vendedor consecutivamente busca informações, estabelece objetivos e estratégias de vendas, agenda e realiza visitas e abordagens, mantendo constantes seu aprimoramento e a melhoria de seu desempenho. A etapa inicial de obtenção de informações sobre clientes é detalhada no item a seguir.

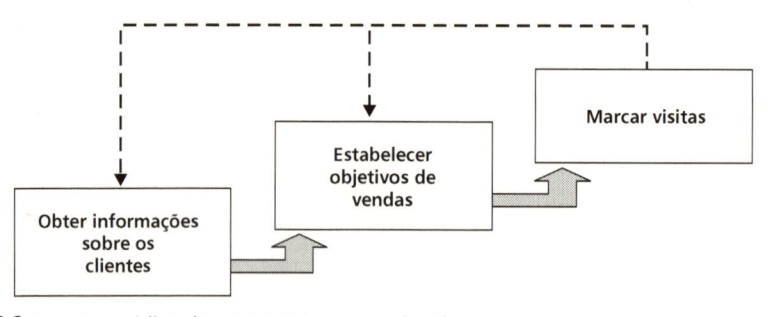

Figura 2.2 Processo cíclico de preparação para a abordagem.
Fonte: Elaborado pelos autores.

2.1.3 Obtendo informações sobre os clientes

Existe uma infinidade de informações que o vendedor deve procurar levantar e atualizar sobre seus clientes e alguns fatores de mercado que o influenciam. Em algumas empresas, esse levantamento é obrigatório e faz parte dos processos e rotinas de vendas; em outras, pode ser realizado de maneira informal, ou até mesmo dispensado. Seja qual for o caso, o vendedor deve manter-se atento, procurando informações que possam auxiliá-lo em seu trabalho e que sejam relevantes para seu desempenho. Aprofundaremos a discussão sobre a importância das informações no processo de vendas no Capítulo 5. Por ora, comentaremos algumas características de clientes empresariais que devem ser levantadas e atualizadas constantemente, a saber:

a. **Dados cadastrais:** razão social, CNPJ, IE, nome do proprietário, endereço, telefone, fax, *e-mail*, etc.

b. **Setores de atuação:** quais as linhas de produto e os principais serviços utilizados pelo cliente. Quais deles têm sinergia com sua oferta ou possibilidades de parcerias.

c. **Concorrência (do seu cliente):** quais os produtos e serviços que os concorrentes de seu cliente disponibilizam, que marcas utilizam, em que diferem de seu cliente e qual a sua posição estratégica no mercado local ou de referência (estão em posição superior ou inferior? Suas ações influenciam sua área de atuação?).

d. **Características socioeconômicas (área ou região):** parte de seu desempenho de vendas depende de fatores sobre os quais você não tem controle, como características econômicas, poder aquisitivo, crescimento de empresas e setores locais, distribuição de renda e emprego, além de fatores culturais, hábitos de consumo e tendências locais. Conhecer esses aspectos o ajudará a definir suas estratégias, focalizar algumas linhas de produtos ou serviços e políticas comerciais, bem como saber o potencial atual e futuro da área em questão, que pode ser um estado, região, cidade, bairro, rua comercial, *shopping center*, condomínio de empresas, etc.

e. **Histórico de compras:** procure sempre conhecer o histórico de compras de seus clientes, não apenas a partir de dados de sua empresa, mas de registros apontando a quantidade por eles adquirida em cada categoria de produto, quantos fornecedores utilizaram ou têm utilizado nos últimos anos, razão pela qual recorrem aos atuais fornecedores, nível de satisfação com os atuais fornecedores e o que mudariam nos produtos e serviços do atual fornecedor. Algumas empresas e sistemas informatizados de CRM e automação de vendas já incorporaram algumas dessas informações. Caso você ainda não utilize esses sistemas, desenvolva outras formas de registro, informatizados ou não, e tenha-os sempre em mãos para auxiliar nas suas decisões.

f. **Situação de compra atual:** algumas informações qualitativas também o ajudam no processo de vendas. Conhecer o estágio do processo de compra em que se encontra o cliente, identificar fatores de decisão por ele valorizados, saber seus pontos fortes e fracos, assim como os de seus competidores (outros fornecedores), aumentam seu poder de negociação, uma vez que você poderá utilizar mais informações a seu favor.

g. **Atitudes:** procure também saber as atitudes de seus clientes em relação aos vendedores, às visitas de novos fornecedores e às ligações e outros contatos de vendas. Eles são favoráveis, receptivos a esses eventos? Incentivam-nos ou não? Tente entender o comportamento de seus clientes e adequar-se a ele!

Como essas questões se referem a clientes empresariais, algumas características do comprador com quem você se relaciona também podem ser exploradas, a saber:

a. Pessoais: nome, interesses, formação e aspirações.

b. Profissionais: é funcionário ou proprietário? (Se funcionário, qual sua autonomia?)

c. Atitudes: em relação a vendedores, à empresa e a seus produtos.

d. Relacionamentos: formais, informais e grupos de referência.

e. Estilo: social e de decisões de compra.

f. Avaliação de produtos e serviços: atribui maior valor a preço, qualidade ou nível de serviço, marcas, relacionamento, etc.

g. Principais influenciadores na compra: propagandas, qualidade, preço, situação do produto e da empresa no mercado.

Caso você atue em alguma atividade que atenda diretamente aos consumidores finais de algum produto ou serviço, procure conhecer e avaliar as seguintes características:

   a. **Classe social, estilo de vida e comportamento de compras:** esses fatores ajudam a segmentar os clientes e a entender que alguns grupos com características semelhantes compram de determinada maneira e freqüência, bem como que produtos ou marcas eles valorizam mais, como utilizam esses produtos/serviços, qual o seu grau de fidelidade, etc.
   b. **Motivação da compra:** você sabe claramente por que seus clientes compram de você? Que benefícios eles procuram quando adquirem seus produtos ou serviços? Por que decidiram por você e sua empresa, e não por algum concorrente? O que você pode fazer para melhorar?
   c. **Fontes de influência:** onde seus clientes buscam informações ou referências para comprar os produtos e serviços que você oferece. Eles o descobrem por meio de propagandas em revistas, jornais, TV, indicação de conhecidos, ou por outras fontes de referência?

2.1.4 Comportamento de compra

Você deve ter percebido que, nos itens citados, comentamos a importância de conhecer o comportamento de compra de seus clientes. Mas como esse comportamento é estruturado?

Grupos de clientes empresariais e de consumidores finais apresentam um processo de decisão de compra semelhante, isto é, dão um valor relativamente parecido aos atributos de produtos e serviços e ao modo como o vendedor conduz o processo de vendas. Conhecer esse processo permite ao vendedor atacar os pontos mais relevantes e maximizar a eficiência de suas vendas.

Nesta seção, daremos maior ênfase ao processo de decisão de compras. A figura a seguir representa os agentes que influenciam o comportamento de compra do cliente. Apresentamos um esquema detalhado desse processo, isto é, as etapas por que todos nós, quando compradores, passamos, consciente ou inconscientemente, antes de efetuar uma compra.

Fatores ambientais
- Cultura
- Classe social
- Influências pessoais
- Família
- Situação de compra

Fatores individuais
- Recursos do cliente, ($ & conhecimento)
- Motivação e envolvimento
- Percepção
- Crenças e atitudes
- Personalidade
- Valores e estilo de vida

Reconhecimento do problema → Busca de informação → Avaliação de alternativas → Decisão de compra → Comportamento pós-compra

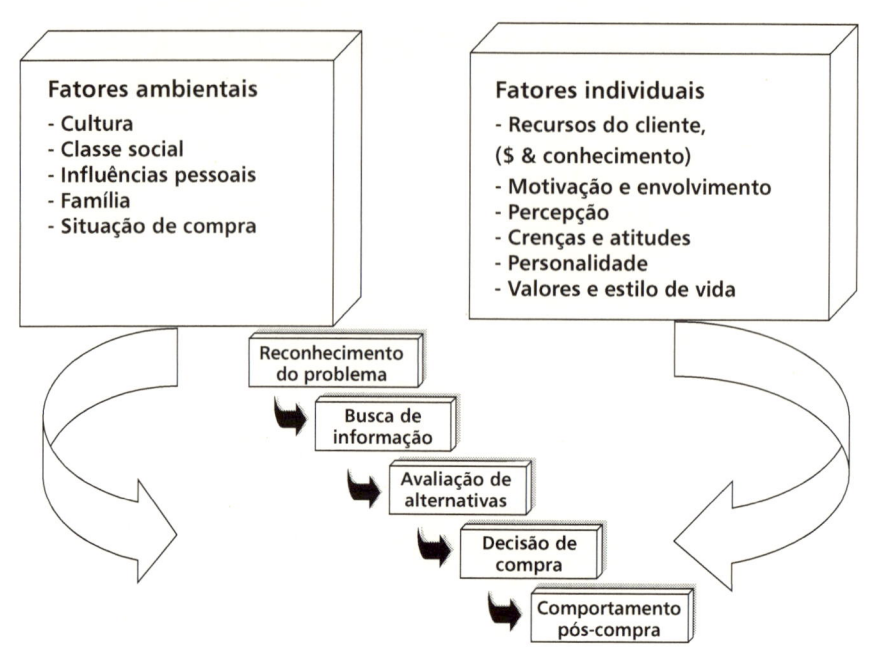

Figura 2.3 Fatores influenciadores do processo de decisão de compra.
Fonte: Elaborado a partir de Kotler (2000) e Engel *et al.* (1995).

Para fins de classificação, utilizaremos o termo genérico "clientes" para clientes empresariais ou consumidores finais. Quando falarmos em consumidores, estaremos necessariamente nos referindo ao usuário final do produto ou serviço.

2.1.5 Processo de decisão de compra

O Quadro 2.1 resume as principais etapas do processo de decisão de compras, bem como alguns fatores que podem auxiliá-lo a entender esse processo e utilizá-lo durante o processo de vendas. Assim, você poderá melhorar suas estratégias de vendas e satisfazer seus clientes com maior eficiência.

Esse é um esquema genérico de um processo de compra, e você deve fazer um esforço adicional para adaptá-lo ao segmento em que atua. Destacamos, entretanto, que no caso de clientes empresariais, principalmente aqueles para os quais a compra é profissional, as etapas de busca de informações e avaliação de alternativas são mais detalhadas, envolvendo as seguintes fases:

Quadro 2.1 O processo de decisão de compra

Etapa do processo	Como se dá a etapa	Que idéias podem ser utilizadas	Que perguntas devem ser feitas?
Reconhecimento da necessidade de compra	Valores e necessidades pessoais associados a influências externas, principalmente advindas da interação social, fazem com que o estado atual seja diferente do desejado, surgindo, assim, uma necessidade.	– Aplicar os estímulos mais freqüentes e mais eficientes para estimular essa necessidade; por exemplo: propagandas mostrando benefícios.	– Que necessidade é sanada ao consumir esse produto? – Essas necessidades são evidentes? – Quão envolvidos estão os clientes-alvo com o produto/serviço?
Busca de informações	A busca é feita por meio de fontes internas (memória, conhecimento) e externas (mercado e contatos pessoais).	– Identificar o quanto o cliente pesquisa informações e as fontes que mais consulta. Isso ajuda a empresa a modelar melhor o preço do produto, sua estratégia de distribuição e principalmente o plano de comunicações/propaganda. É necessário trabalhar as fontes que mais influenciam seu cliente.	– Que produto ou marca o cliente tem na memória? – O cliente está motivado a procurar fontes externas e quais são essas fontes? – Quais são os atributos do produto/serviço mais pesquisados?
Avaliação das alternativas	O cliente irá escolher a alternativa que for mais forte nos critérios que ele mais valoriza.	– Você e sua empresa devem, por meio de pesquisa e contatos, identificar o que o cliente valoriza (atributos) e ser competitivos nesses atributos. – Você pode tentar reposicionar-se em atributos de análise, reposicionar concorrentes ou mudar os pesos dos critérios de análise do cliente.	– O cliente avalia e compara as alternativas? – Quais são as alternativas e critérios de escolha? É possível alterá-los? – Qual o resultado da avaliação das alternativas? – São verdadeiramente diferentes? É possível comprovar isso?

(continua)

Quadro 2.1 O processo de decisão de compra *(Continuação)*

Etapa do processo	Como se dá a etapa	Que idéias podem ser utilizadas	Que perguntas devem ser feitas?
Decisão de compra	Agora, são tomadas decisões relativas à compra propriamente dita: onde comprar, quando comprar, o que comprar e como pagar.	– Um forte trabalho deve ser feito durante os contatos com o cliente. No caso do varejo, as ações de ponto de venda são fundamentais (em algumas categorias, dois terços das decisões são tomadas no PDV). – Atentar para o crescimento das compras por correio, Internet, telefone e catálogos.	– O cliente gastará tempo e energia até que a melhor alternativa seja encontrada? – Onde o cliente prefere comprar o produto (canal) e em que momento do dia, semana ou mês?
Comportamento pós-compra	Trata-se da comparação entre as expectativas quanto ao produto ou serviço e seu desempenho. As conseqüências vão da extrema satisfação e do boca-a-boca positivo à proposição de ações judiciais contra a empresa, em caso de insatisfação.	– Manter uma linha de contato com o cliente: telefone, 0800 ou *e-mail* funcionando adequadamente e com agilidade. – Fazer pesquisas para monitorar a satisfação do cliente. – Lembrar que apenas 5% dos clientes insatisfeitos reclamam. Os demais simplesmente deixam de comprar.	– O cliente está satisfeito com o produto ou serviço? – Quais são as razões de sua satisfação/insatisfação? Ele comenta isso com outras pessoas? – Existe a intenção de repetir a compra? Por quê?

Fonte: Os autores, com base em Engel *et al.* (1995).

- **Descrição das necessidades e especificação dos produtos e serviços**, com definição clara dos produtos/serviços que serão adquiridos, bem como de suas características, quantidades, etc.
- **Busca de fornecedores e solicitação de propostas**, que geralmente consistem de processos formais para envio de propostas detalhadas e específicas para a negociação em questão.
- **Seleção de fornecedores.** Algumas empresas possuem critérios para definir de quem comprar, critérios esses que envolvem, além de condições

comerciais, fatores como confiabilidade, solidez, reputação, parcerias e desempenho passado.
- **Especificação de rotina de pedidos.** Para compras repetidas, algumas empresas podem definir rotinas padronizadas de atendimento, compras, pedidos, etc. Em alguns casos, esse processo é automático.

2.1.6 Estabelecendo objetivos

Uma vez que você está melhorando a qualidade das informações sobre seus clientes, já pode planejar melhor seus contatos com o futuro comprador. Mas não espere uma grande venda no primeiro contato.

Você deve estabelecer um objetivo para o primeiro contato (fazer a apresentação pessoal e da empresa para o possível comprador; no caso de empresas, conseguir marcar uma visita; e, em algumas situações, enviar produtos para teste). É recomendável que você tenha nesse primeiro contato apenas um objetivo; os demais objetivos ficam para contatos posteriores, que devem, dentro do possível, ser mais agressivos.

Para ajudar nesse processo, tenha em mente as qualidades de um bom objetivo. Os objetivos que você pode definir devem

- Ser **específicos** no que diz respeito a um produto, serviço, cliente, etc.
- Ser **mensuráveis**, isto é, devem poder ser traduzidos em números, seja quantidades, valores financeiros ou valores porcentuais.
- Ser **acordados**, de maneira que você, sua gerência e a empresa tenham consciência do que está sendo proposto e de como será realizado.
- Ser **realistas**, mesmo que se trate de algo desafiador e difícil; devem ser alcançados com as ferramentas, recursos, produtos e serviços que você tem à disposição.
- Ter **prazo** definindo quando começam e quando serão avaliados.

2.1.7 Marcando uma visita

Após coletar e avaliar informações relevantes e estabelecer um objetivo para suas atividades, o próximo passo para um bom início de relacionamento de vendas é marcar um horário para conversar com o comprador. Isso é comum em mercados empresariais, mas pode também ocorrer em alguns segmentos de usuários finais. Marcar um horário com o cliente é importante, pois demonstra profissionalismo, garante que não haverá tempo perdido e aumenta as possibilidades de sucesso, pois o vendedor encontrará a pessoa certa no lugar certo e na hora certa.

Para o bom desenvolvimento da atividade de marcação de visitas e o cumprimento de um roteiro planejado, é extremamente importante a utilização das ferramentas que estamos apresentando, principalmente se você tem vários clientes para atender, distâncias a percorrer e tempo restrito. Nas ferramentas deste Capítulo, apresentamos um exemplo de roteiro e planejamento de visitas que podem auxiliá-lo em seu dia-a-dia. Essas ferramentas, informatizadas ou não, apresentam os seguintes benefícios:

- Orientam as ações do vendedor e permitem organizar o trabalho e determinar prioridades.
- Possibilitam uma visão de todo o processo de trabalho por um dado período de tempo (semanal, mensal, anual).
- Melhoram a alocação de recursos (tempo, deslocamento, materiais e dinheiro).
- Permitem ao vendedor manter um registro atualizado das informações.
- Organizam e sistematizam a visita.
- Propiciam uma atualização periódica do cadastro de clientes, para uso do vendedor e do departamento de vendas da empresa.
- São de fácil implementação e geralmente proporcionam ótimos resultados.
- Têm baixo custo relativo e geram benefícios quantitativos e qualitativos.

2.2 Abordagem

Sua próxima atividade na seqüência do processo de vendas é abordar o cliente, seja no local de compra, no caso de uma loja ou varejista, ou na empresa que você vai visitar.

2.2.1 Realizando a abordagem e/ou visita

O vendedor deve saber como abordar o comprador para começar bem um relacionamento. Para isso, deve estar sempre atento ao modo como o comprador se comporta.

Por mais que você ache esse assunto desimportante, o fato é que ser agradável e positivo, demonstrar cortesia e atenção e vestir-se apropriadamente são fundamentais para uma boa abordagem. Ficam evidentes, dessa forma, sua motivação em atender aos clientes e realizar as atividades de vendas.

Sabemos que parte dessa motivação depende de fatores externos e situacionais, como condições de trabalho, remuneração, incentivos e premiação. Entretanto, outra parte é intrínseca, ou seja, depende de você. Assim, se sua empresa apresenta falhas ou problemas motivacionais, primeiro faça sua parte: mostre-se disposto e apresente resultados. A partir daí, será muito mais fácil solicitar qualquer ação motivacional por parte de sua empresa ou gerência.

Assim, preparado e motivado, você terá maiores chances de obter êxito no processo de vendas. A seguir, apresentamos o modelo de uma abordagem completa:

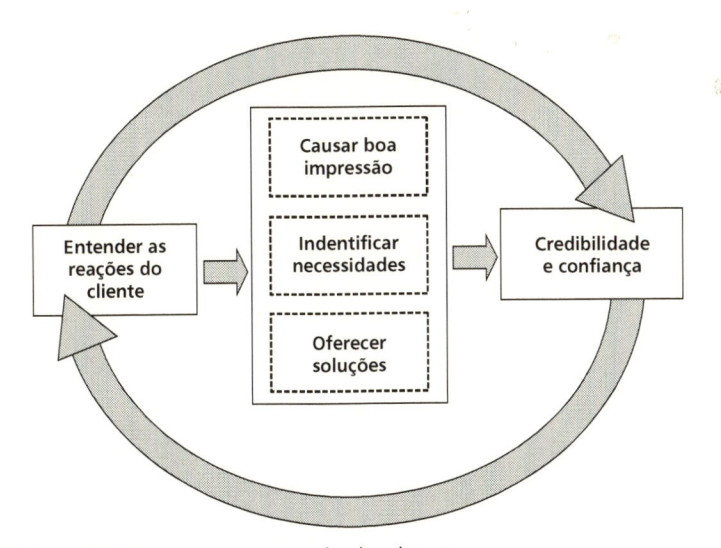

Figura 2.4 Fatores decisivos para o sucesso da abordagem.
Fonte: Elaborado pelos autores.

Na qualidade de vendedor, é preciso estar atento a algumas características:

- **Apresentação**: você deve se preocupar com a organização pessoal e de seus materiais de vendas, seguir os procedimentos e rotinas de forma correta e respeitar a freqüência de visitas e horários, quando predefinidos.
- **Cortesia**: em seu trabalho, você já passou ou vai passar por situações difíceis, estressantes e de intensa pressão. Tenha sempre em mente que educação e cortesia são elementos fundamentais para manter os relacionamentos. Preste atenção à linguagem e ao vocabulário que utiliza, mostre empatia (ponha-se no lugar dos outros) e trate bem as pessoas. Você só tem a ganhar adotando essa postura.
- **Visual**: seja qual for seu biótipo ou aparência física, procure trajar-se de maneira adequada à sua profissão, sempre atentando para a apresentação pessoal. Lembre-se do velho ditado: "a primeira impressão é a que fica".

2.3 Apresentação de vendas

A apresentação é o momento em que o vendedor, após saber o que o cliente precisa, oferece a ele a solução que julga melhor resolver seu problema. A coleta de informações, antes e no decorrer da visita, deve resultar em um diagnóstico e uma solução para o cliente. Eis a lógica que deve perpassar a visita: o vendedor busca ajudar o cliente a resolver seus problemas e atingir seus objetivos. A Figura 2.5 destaca esse processo:

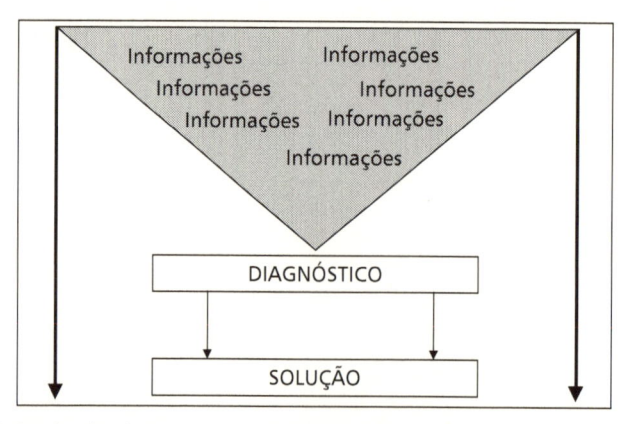

Figura 2.5 A lógica da abordagem e da apresentação de vendas.
Fonte: Elaborado pelos autores.

Diante da solução que será oferecida, o vendedor deve fazer uma apresentação que enfoque as necessidades dos clientes. Para isso, deve mostrar os produtos e seus respectivos atributos que atendem as necessidades dos clientes. Essa é uma "regra de ouro" em vendas que não pode ser esquecida (ver Figura 2.6).

Regra de Ouro

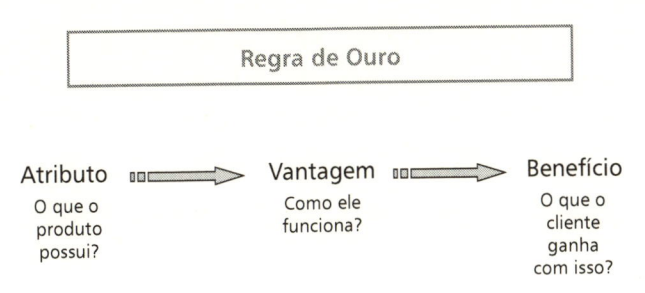

Atributo → Vantagem → Benefício
O que o produto possui? / Como ele funciona? / O que o cliente ganha com isso?

Figura 2.6 Regra de ouro em vendas.
Fonte: Elaborado pelos autores.

Assim, um *notebook* (produto) apresenta a tecnologia Wireless Fire (atributo), que permite a conexão sem fio (vantagem). Portanto, o cliente pode acessar a Internet em locais como aeroportos, empresas e mesmo em sua casa, sem necessitar conectar-se à rede utilizando cabos (benefício).

Cada cliente se mostrará mais sensível a um determinado conjunto de atributos, características e benefícios. O vendedor precisa saber quais desses elementos deve usar em cada uma de suas apresentações de vendas. A apresentação deve ser pautada por essa regra, para não correr o risco de virar um monólogo em que apenas o vendedor fala sobre aspectos desinteressantes para o comprador. Saber aplicar tal regra, como discutido na abordagem, tem como pré-requisito uma boa capacidade de ouvir previamente o cliente.

2.4 Como a tecnologia de informação pode ajudar você na abordagem e na apresentação de vendas?

Aqui talvez esteja a principal contribuição que a tecnologia de informação pode prestar à atividade de vendas. Como descrito neste capítulo, o objetivo central da abordagem de vendas é obter informações fundamentais sobre os clientes.

No entanto, com o crescimento das empresas e do número de clientes, sem falar da quantidade de informações que potencialmente podem ser obtidas desses clientes, são necessários bons sistemas de informações para organizar esses dados, a fim de que estejam disponíveis de uma forma amigável e útil.

A armazenagem de dados sobre o desenho de um cliente industrial é fundamental para que o vendedor, em sua próxima apresentação de vendas, utilize isso e realize um bom diagnóstico. Atualmente, a atualização dessas informações pode ser feita *on-line*, no *laptop* (ou qualquer outro dispositivo móvel) do vendedor, e carregada pela Internet, no sistema de dados da empresa.

Essas informações permitirão que o vendedor passe a ser um verdadeiro consultor de negócios, buscando soluções para seus clientes, já que domina as informações fundamentais. É preciso muito cuidado para não gerar excesso de dados que não resultem em informações úteis ao processo de vendas, sobrecarregando o vendedor; por isso, a revisão periódica dos sistemas de dados de clientes é fundamental.

Um *notebook* com uso de planilhas Excel®, por exemplo, e principalmente de ferramentas como PowerPoint®, ambos recursos do pacote Office da Microsoft®, permite uma melhor apresentação. O computador também pode ajudar na visualização de propagandas e de mensagens vinculadas de forma mais profissional e organizada.

2.5 Atividades e ferramentas para inserção em sua rotina de trabalho

Como sugestão de ferramentas e atividades que você pode utilizar, comece com um planejamento de visitas, caso sua rotina envolva o contato direto e pessoal com clientes. O mesmo planejamento pode ser utilizado para programar telefonemas ou efetuar ações de pós-venda, conforme discutiremos no Capítulo 4. A Figura 2.7 mostra um exemplo de formulário de planejamento de visitas/contatos. A Figura 2.8 exemplifica um roteiro de visita automatizado. Ambos podem ser configurados em Excel® ou Word®, sendo que você pode atualizá-los ou carregá-los impressos.

Figura 2.7 Planejamento semanal de trabalho do vendedor – exemplo.
Fonte: Elaborado pelos autores.

O roteiro de visitas apenas estrutura a lista de clientes e a ordem de visitas a serem realizadas por dia da semana e no mesmo dia, auxiliando o trabalho de planejamento do vendedor e alocando uma quantidade ótima de clientes a serem atendidos, de acordo com a capacidade de atendimento do vendedor.

Conforme exemplificado na Figura 2.8, o roteiro de visitas organiza as atividades de venda. Nesse roteiro, o Cliente A1 é visitado semanalmente (utilizou-se *código 1*), às segundas-feiras, sendo o primeiro cliente do dia. O Cliente A2 é o segundo. E assim por diante. O Cliente A4 é o primeiro cliente da terça-feira, também visitado semanalmente. Utiliza-se a mesma lógica para preencher todo o roteiro.

Já o Cliente A16 é visitado quinzenalmente (utilizou-se *código 2*), às segundas-feiras, sendo o décimo cliente do dia.

Uma vez que você se habituar a realizar os planejamentos semanais e o roteiro de visitas, aos poucos poderá também registrar essas visitas e contatos, avaliando seu desempenho em termos de visitas/contatos realizados e de vendas

DATA DA ATUALIZAÇÃO 18/12/2006			NOME: "Vendedor 1"			ROTEIRO DE VISITAS			
Sem:	Dia:	Ordem:	Razão Social:	Endereço:	Bairro:	Cidade:	UF:	CEP:	Fone:
1	2	1	Cliente A1	Avenida A1	Bairro A1	RIBEIRAO PRETO	SP	14020-000	(16) xxxx-xxxx
1	2	2	Cliente A2	Avenida A2	Bairro A2	RIBEIRAO PRETO	SP	14020-000	(16) xxxx-xxxx
1	2	3	Cliente A3	Avenida A3	Bairro A3	RIBEIRAO PRETO	SP	14020-000	(16) xxxx-xxxx
...	...	...							
1	3	1	Cliente A4	Avenida A4	Bairro A4	RIBEIRAO PRETO	SP	14020-000	(16) xxxx-xxxx
1	3	2	Cliente A5	Avenida A5	Bairro A5	RIBEIRAO PRETO	SP	14020-000	sem telefone
1	3	3	Cliente A6	Avenida A6	Bairro A6	RIBEIRAO PRETO	SP	14020-000	(16) xxxx-xxxx
...	...	...							
1	4	1	Cliente A7	Avenida A7	Bairro A7	RIBEIRAO PRETO	SP	14020-000	(16) xxxx-xxxx
1	4	2	Cliente A8	Avenida A8	Bairro A8	RIBEIRAO PRETO	SP	14020-000	(16) xxxx-xxxx
1	4	3	Cliente A9	Avenida A9	Bairro A9	RIBEIRAO PRETO	SP	14020-000	(16) xxxx-xxxx
...	...	...							
1	5	1	Cliente A10	Avenida A10	Bairro A10	RIBEIRAO PRETO	SP	14020-000	sem telefone
1	5	2	Cliente A11	Avenida A11	Bairro A11	RIBEIRAO PRETO	SP	14020-000	(16) xxxx-xxxx
1	5	3	Cliente A12	Avenida A12	Bairro A12	RIBEIRAO PRETO	SP	14020-000	(16) xxxx-xxxx
...	...	...							
1	6	1	Cliente A13	Avenida A13	Bairro A13	RIBEIRAO PRETO	SP	14020-000	(16) xxxx-xxxx
1	6	2	Cliente A14	Avenida A14	Bairro A14	RIBEIRAO PRETO	SP	14020-000	(16) xxxx-xxxx
1	6	3	Cliente A15	Avenida A15	Bairro A15	RIBEIRAO PRETO	SP	14020-000	(16) xxxx-xxxx
...	...	...							
2	2	1	Cliente A16	Avenida A16	Bairro A16	RIBEIRAO PRETO	SP	14020-000	(16) xxxx-xxxx
2	2	2	Cliente A17	Avenida A17	Bairro A17	RIBEIRAO PRETO	SP	14020-000	(16) xxxx-xxxx
2	2	3	Cliente A18	Avenida A18	Bairro A18	RIBEIRAO PRETO	SP	14020-000	(16) xxxx-xxxx
...	...	...							
2	4	1	Cliente A19	Avenida A19	Bairro A19	RIBEIRAO PRETO	SP	14020-000	(16) xxxx-xxxx
2	4	2	Cliente A20	Avenida A20	Bairro A20	RIBEIRAO PRETO	SP	14020-000	sem telefone
2	4	3	Cliente A21	Avenida A21	Bairro A21	RIBEIRAO PRETO	SP	14020-000	(16) xxxx-xxxx
...	...	...							
2	4	1	Cliente A22	Avenida A22	Bairro A22	RIBEIRAO PRETO	SP	14020-000	(16) xxxx-xxxx
2	4	2	Cliente A23	Avenida A23	Bairro A23	RIBEIRAO PRETO	SP	14020-000	(16) xxxx-xxxx
2	4	3	Cliente A24	Avenida A24	Bairro A24	RIBEIRAO PRETO	SP	14020-000	(16) xxxx-xxxx

Figura 2.8 Roteiro de visitas automatizado em Excel® – exemplo.
Fonte: Elaborado pelos autores.

efetuadas a partir deles. A Figura 2.9 mostra um acompanhamento simples desse desempenho com os contatos.

Finalmente, você pode realizar controles mais sofisticados utilizando *softwares* específicos ou mesmo o registro de contatos e uma planilha automatizada

Acompanhamento mensal de visitas/contatos			
Vendedor:			
Mês:	Clientes atuais visitados/contatados	Novos clientes visitados/contatados	Vendas executadas
Semana 01 (de __/__ a __/__)			
Semana 02 (de __/__ a __/__)			
Semana 03 (de __/__ a __/__)			
Semana 04 (de __/__ a __/__)			
Semana 05 (de __/__ a __/__)			

Figura 2.9 Acompanhamento de visitas/contatos do vendedor – exemplo.
Fonte: Elaborado pelos autores.

no Excel®, que poderá fornecer relatórios de vendas e eficiência de suas visitas/contatos, além de comparar seu desempenho com os objetivos previamente definidos. A Figura 2.10 exemplifica um desses relatórios.

Relatório de Acompanhamento
Indicadores de Performance de Vendas

Vendedor: Matheus Alberto Consoli **set-06**

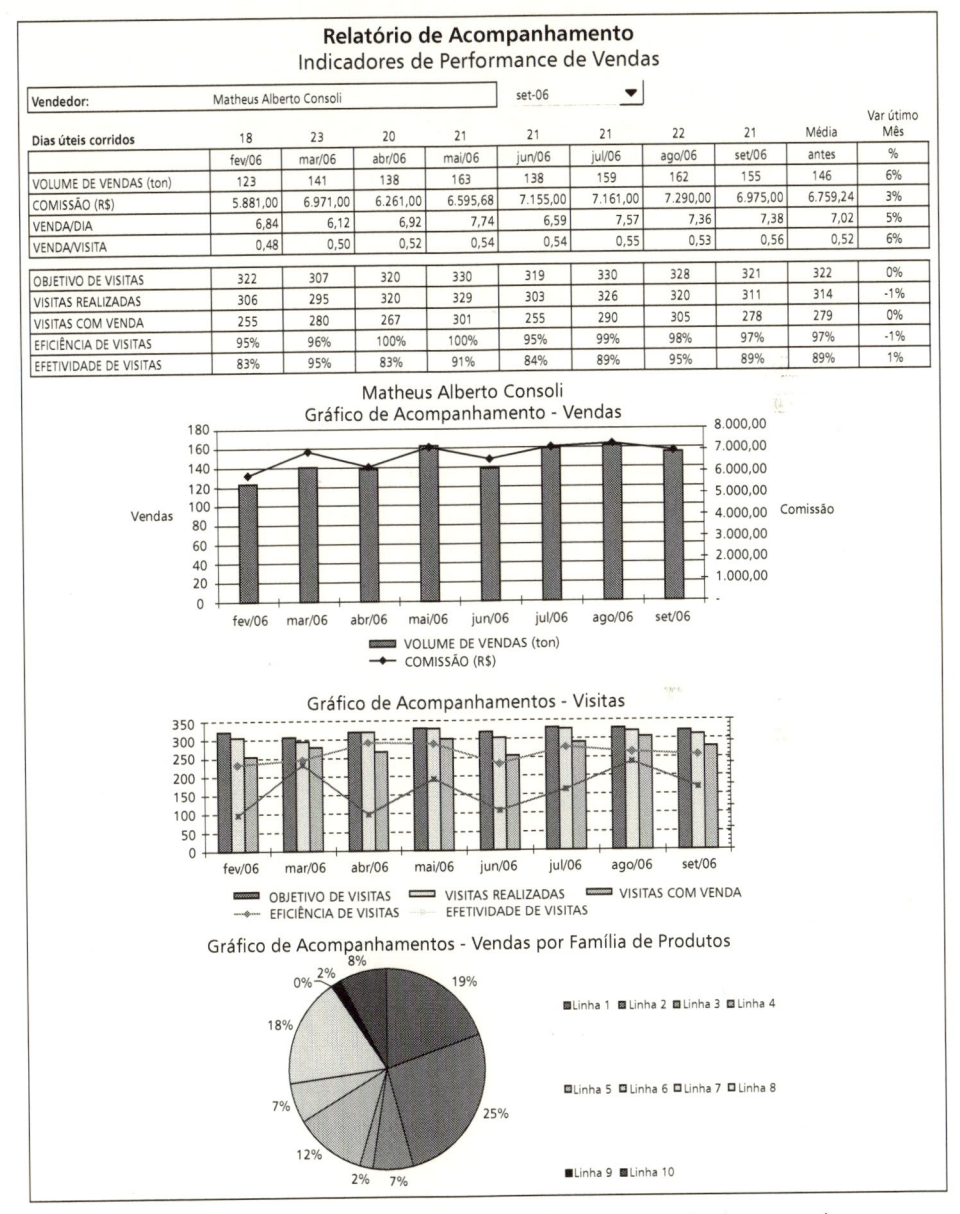

Dias úteis corridos	18	23	20	21	21	21	22	21	Média antes	Var último Mês %
	fev/06	mar/06	abr/06	mai/06	jun/06	jul/06	ago/06	set/06		
VOLUME DE VENDAS (ton)	123	141	138	163	138	159	162	155	146	6%
COMISSÃO (R$)	5.881,00	6.971,00	6.261,00	6.595,68	7.155,00	7.161,00	7.290,00	6.975,00	6.759,24	3%
VENDA/DIA	6,84	6,12	6,92	7,74	6,59	7,57	7,36	7,38	7,02	5%
VENDA/VISITA	0,48	0,50	0,52	0,54	0,54	0,55	0,53	0,56	0,52	6%
OBJETIVO DE VISITAS	322	307	320	330	319	330	328	321	322	0%
VISITAS REALIZADAS	306	295	320	329	303	326	320	311	314	-1%
VISITAS COM VENDA	255	280	267	301	255	290	305	278	279	0%
EFICIÊNCIA DE VISITAS	95%	96%	100%	100%	95%	99%	98%	97%	97%	-1%
EFETIVIDADE DE VISITAS	83%	95%	83%	91%	84%	89%	95%	89%	89%	1%

Figura 2.10 Relatório de acompanhamento de *performance* automatizado – exemplo.
Fonte: Elaborado pelos autores.

2.6 Resumo

O presente capítulo avançou nas etapas do processo de vendas, destacando algumas atividades, estratégias e ferramentas de pré-abordagem (preparação), abordagem de clientes e apresentação de vendas. Ressaltamos a necessidade de você se preparar corretamente e obter informações, conhecendo detalhadamente os procedimentos de sua empresa e as características dos produtos e serviços que irá oferecer, de modo a salientar como sua oferta poderá satisfazer às necessidades do cliente.

Enfatizamos também a necessidade de coletar, manter e atualizar informações relevantes sobre seus clientes, pois elas serão extremamente úteis para o início do relacionamento entre ambas as partes e para sua manutenção, conforme veremos no Capítulo 4.

Além disso, discutimos e apresentamos uma estrutura para você analisar o processo de decisão de compra de seus clientes e agir de acordo com o modo como eles decidem e avaliam opções. Destacamos que o processo de abordagem também precisa ter objetivos bem definidos e comentamos alguns aspectos importantes que devem ser considerados no agendamento e na realização de visitas.

Por fim, salientamos como desenvolver uma boa apresentação de vendas, destacando atributos, características e benefícios aos clientes.

Questões a considerar no planejamento de vendas:

- Você se prepara para as atividades de abordagem, seja para clientes novos ou para clientes atuais?
- Ao abordar um novo cliente, você já obtve previamente algumas informações sobre ele, planejou o que vai oferecer e definiu seus objetivos?
- Você mantém um banco de dados atualizado de seus clientes? Se sim, no que ele pode ser melhorado?
- O que você sabe sobre o processo de decisão de compra de seus clientes? Você conhece exatamente a necessidade deles? Que atributos eles mais valorizam em sua decisão de compra?

- Você planeja suas atividades (diárias, semanais, mensais, etc.)? Dispõe de um roteiro de visitas e define prioridades e próximos passos a serem realizados durante seu processo de trabalho?
- Você procura desenvolver suas habilidades de abordagem? Esforça-se para causar boa impressão e mostrar organização, interesse e compromisso com o cliente?

CASO PARA REFLEXÃO

Perto de nosso escritório em Ribeirão Preto, existem diversas concessionárias e comerciantes de carros. Certo dia, tive a curiosidade de saber quanto pediam por determinado modelo. Obviamente, olhando pelo lado teórico, eu era um daqueles potenciais compradores de carros na fase de busca de informações. Minha necessidade já era evidente. As empresas lutam para encontrar pessoas nesse estágio. Pense em quantos recursos são gastos em propagandas que atingem pessoas que não querem ou não podem comprar um carro em determinado momento. Pois bem, eu era um desses clientes que iria despender tempo em uma mala direta, até mesmo respondê-la atendendo à oferta de um *test drive*. Enfim, entro na concessionária e pergunto pelo modelo:

– Oi! Por favor, quanto custa este carro?

– R$ 55.300,00 – responde-me o vendedor.

– Vocês trabalham com trocas?

– Sim, trabalhamos.

– O.k. Mais tarde, quando tiver mais tempo, passo aqui de novo.

– Obrigado. Estamos à disposição.

Assim, leitor, acabou a conversa. Saí da concessionária. O vendedor não sabe que carro tenho, quanto estou realmente disposto a gastar, quando vou querer trocar o carro, se tenho filhos, família, no que trabalho, onde moro, etc. Pense, leitor, quanto essas informações poderiam ajudar esse vendedor a melhorar suas vendas – quanto trabalhar dados referentes a potenciais e atuais clientes poderia incrementá-las.

Enquanto isso, o vendedor permanece lá no balcão da empresa, fazendo as contas de quanto deve ganhar no final do mês...

No Capítulo 3, continuaremos nossa viagem pelo processo de vendas e apresentaremos conceitos e ferramentas para melhorar suas habilidades de negociação, bem como formas de superar as objeções dos clientes, a fim de que você possa dominar o processo de vendas e aumentar continuamente seu desempenho.

3 SUPERAÇÃO DE OBJEÇÕES E NEGOCIAÇÃO

CASO DE ABERTURA

João é vendedor de defensivos agrícolas. Costuma trabalhar na loja, apenas recebendo os telefonemas de clientes. Um belo dia, um cliente liga, indagando o preço de determinado produto. Diante da resposta de João, diz que o concorrente está oferecendo um desconto maior, de modo que, apesar de gostar muito dele, de valorizar o relacionamento entre ambos, terá de comprar do concorrente – a não ser que João consiga superar tal desconto.

Sensibilizado, o vendedor vai até a sala da gerência, relata o ocorrido, diz que a concorrência "está em cima" e pede o desconto. A gerência avalia a situação e acaba por conceder um desconto um pouco menor, igualando o preço da concorrência. João então retorna ao telefone e a venda é fechada.

Em outra ocasião, preocupado com a agressividade do mercado, João pede a um amigo para checar o preço dos competidores. Descobre, então, que estão ligeiramente acima do seu preço. "Pelo menos não perdi vendas", pensa.

Vencer objeções tem a ver com obter informações. Esse vendedor, que trabalha ajudando os compradores a cotar preços, provavelmente não está preocupado em conhecer o desempenho do seu produto no campo e compará-lo com a concorrência. Não percebe que um preço maior pode ser mais do que compensado por um resultado melhor na produtividade; ou que um serviço geralmente cobrado pode ser oferecido como adicional, facilitando a aproximação com o cliente e entregando um benefício que este não consegue facilmente calcular. Por fim, não se dá conta de que mesmo a informação de que o produto da concorrência está mais barato pode ser falsa, já que os seus preços também podem ser acompanhados.

Todas as vezes que sua equipe disser que o problema de suas vendas está no preço alto de seus produtos, desconfie. Pode estar ocorrendo um problema de falta de informações e técnicas de superação de objeções, aspectos tratados neste capítulo.

VISÃO GERAL

Neste capítulo, abordaremos a questão da superação de objeções e a forma como o domínio, o conhecimento e as habilidades de negociação podem ser utilizados para melhorar o desempenho de vendas. Trataremos dos tipos de objeções e de onde eles geralmente aparecem. Em seguida, apresentaremos algumas ações para lidar com essas objeções. Por fim, discutiremos algumas questões relacionadas ao processo de negociação, suas variáveis básicas e os estilos de negociadores. Eis a questão central deste capítulo: *os vendedores conhecem as principais objeções dos clientes em relação a seus produtos e à empresa e, acima de tudo, sabem como lidar com essas objeções?*

OBJETIVOS DO CAPÍTULO

Depois de ler este capítulo, você será capaz de:
- Reconhecer as principais objeções feitas durante o processo de vendas e desenvolver argumentos para superá-las.
- Verificar que atitudes e comportamentos devem ser aprimorados para lidar com as objeções.
- Utilizar métodos eficientes para responder às objeções dos clientes.
- Entender o processo de negociação e suas variáveis.
- Reconhecer estilos de negociação e desenvolver habilidades compatíveis.
- Testar suas habilidades e identificar pontos de melhorias.

3.1 Superação de objeções

Todos os vendedores enfrentam objeções durante o processo de venda. Em algum momento, os compradores levantarão obstáculos referentes a algo que o vendedor disse ou fez. É possível até que alguns deles não tenham sentido ou sejam irrelevantes, desprovidos de qualquer relação com o produto, o serviço, a empresa ou o vendedor. Por outro lado, é também verdade que muitas vezes os clientes levantam questões e preocupações válidas e realmente fundamentadas.

Assim, saber responder às objeções dos compradores é tão necessário e importante quanto saber realizar sua prospecção e qualificação, a abordagem, o fechamento e todos os outros passos que integram o processo de venda. A partir do momento em que o vendedor passa a encarar as objeções como algo natural e inerente ao processo, ele as transforma em oportunidades de venda e aprende com elas, tornando-as algo positivo e construtivo.

Uma objeção é, basicamente, um questionamento feito pelo comprador ou um desacordo entre o comprador e o vendedor. O vendedor deve fazer de tudo para que o comprador exponha suas dúvidas, preocupações e questionamentos, pois a pior objeção é aquela que não pode ser negociada e superada por não ter sido revelada. Muitas oportunidades de vendas são perdidas porque os vendedores não sabem que problemas o comprador encontra no processo ou porque não responde de forma satisfatória às suas objeções.

A partir do momento em que as objeções levantadas expõem as necessidades reais do cliente e confirmam seu interesse pela compra, elas passam a ser bem-vindas, pois orientam as ações dos vendedores. É importante que o vendedor ouça atentamente quais são os problemas manifestados pelo comprador, esclarecendo a situação para que ambas as partes possam entender do que estão realmente tratando e, assim, chegar a um acordo que agrade a todos.

Os vendedores devem estar preparados para ouvir e superar objeções ao longo de todo o processo de vendas: no momento de marcar horários para a visita, durante a abordagem, na apresentação de seus produtos e serviços, na negociação, no fechamento da venda e no pós-venda.

O esquema da Figura 3.1 ilustra o processo de superação de objeções. Cada uma delas será discutida em detalhes.

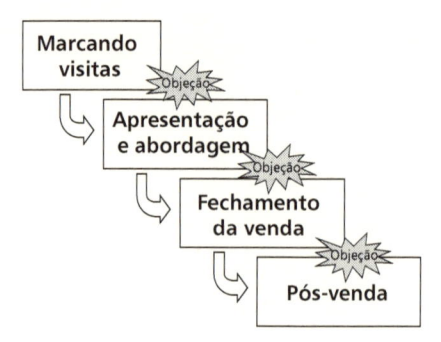

Figura 3.1 Processo de superação de objeções.
Fonte: Elaborado pelos autores.

Marcando visitas: O cliente pode não concordar com o dia ou o horário que o vendedor definiu para visitá-lo. Esse tipo de objeção é comum no início do relacionamento vendedor-cliente, em ocasiões nas quais o cliente não conhece a marca, o produto/serviço ou a solução que o vendedor está oferecendo, ou quando simplesmente não quer receber o vendedor. Uma boa forma de superar esse tipo de objeção é criar uma rotina de visitas (*roteiro de visitas* e *planejamento semanal*) e buscar demonstrar a importância de seus produtos ou serviços para o cliente ou, no caso de clientes empresariais, para o negócio. Procure sempre mostrar que o cliente estará ganhando ao recebê-lo.

Apresentação e abordagem: Algumas objeções freqüentemente surgem a partir de certos aspectos da apresentação. O cliente pode, por exemplo, não gostar do modo como o vendedor dá início à conversa ou tenta prender sua atenção. A forma de abordagem também pode ser um problema. Enquanto há clientes que preferem abordagens mais diretas e focadas nas vendas, outros privilegiam uma abordagem mais centrada na conversa e no relacionamento. É necessário que o vendedor tenha bom senso para analisar o perfil de cada cliente (mais expansivo e extrovertido ou mais fechado) e descobrir quais são seus interesses e perspectivas no que diz respeito ao relacionamento cliente-vendedor e cliente-fornecedor. Lembre-se de que um bom vendedor é aquele que possui o maior número de informações possível sobre seus clientes (como vimos no Capítulo 2). Assim, para superar possíveis objeções na etapa de apresentação deve-se levar em conta as características e necessidades dos clientes. Não se deve aceitar um "não, obrigado" como resposta. Deve-se sempre procurar levar o cliente a expor suas preocupações, questionamentos e os motivos de sua decisão. O vendedor precisa ser persistente: "Mas por que não? Me dê uma chance!"

Fechamento da venda: A capacidade de responder às objeções na hora do fechamento do negócio é muito importante. Assim, conhecer as possíveis objeções ajuda o vendedor a se preparar com argumentos, estudos e dados de referência antes que elas apareçam. Vendedores que se deparam com um grande número de objeções provavelmente precisam desenvolver suas habilidades, pois podem estar negligenciando algumas necessidades ou omitindo pontos importantes na hora da apresentação.

As objeções apresentadas pelos compradores no momento de fazer o pedido podem denotar uma resistência de natureza psicológica ou lógica. No aspecto psicológico, pode ter origem em resistência à interferência, preferência por outras marcas, apatia, relutância em ceder à argumentação do vendedor, associações desagradáveis com outros vendedores e experiências anteriores, etc.

Já a resistência lógica pode consistir de objeções quanto a preço, prazo de pagamento ou entrega, características do produto ou serviço. Para superá-las, o vendedor precisa manter uma abordagem positiva e solicitar ao comprador que esclareça sua objeção, questionando-o a respeito. Assim, esclarecendo o que for necessário, você estará mais do que negando a validade de tal objeção, convertendo-a em um motivo para a compra. O vendedor precisa treinar ampla e profundamente suas habilidades de negociação, fazendo com que a superação de objeções seja parte desse treinamento.

Pós-venda: Mesmo os compradores que já fecharam negócio podem ainda manter algumas objeções. Para construir relações de longo prazo, é imprescindível que o vendedor responda a elas.

O Quadro 3.1 oferece alguns exemplos de objeções, além de apresentar sugestões para superá-las. Identificar as objeções mais freqüentes dos clientes e preparar argumentos para superá-las é um processo que pode ser feito individualmente, mas, se realizado em grupos de vendedores da mesma empresa e com o envolvimento da gerência, poderá produzir um valioso material e uma importante ferramenta de vendas.

Quadro 3.1 Agrupamento de objeções e desenvolvimento de estratégias de superação – exemplos

Exemplos de objeções	Como superá-las
OBJEÇÕES DE E NECESSIDADES DOS CLIENTES QUANTO AOS PRODUTOS E SERVIÇOS	
– O cliente diz que não precisa de seus produtos ou serviços. – O cliente não conhece e nunca adquiriu seu produto ou serviço.	– Demonstrar os benefícios funcionais e emocionais de seu produto ou serviço. – Se seu produto será revendido, demonstrar a oportunidade de negócio e rentabilidade. – Questionar o cliente com perguntas abertas, a fim de entender melhor suas necessidades e poder adequar a oferta, ou ser mais claro sobre sua necessidade.
– A variedade de embalagens, tipos ou linha de produto é limitada. – Poucas opções de serviços.	– Informar se a empresa está desenvolvendo novas embalagens ou expandindo a linha de produtos. – Embalagens com pesos diferenciados. – Oferecer versões do mesmo serviço, buscando atender às necessidades ou segmentos diferentes.
– A(s) marca(s) da empresa não é(são) conhecida(s) pelo consumidor final.	– Destacar as atividades de lançamento que foram ou serão realizadas. – Apresentar resultados de testes ou depoimentos realizados destacando a qualidade dos produtos e serviços. – Utilizar, se houver, materiais como amostras, *banners* e outros meios de divulgação (principalmente em clientes varejistas) para aumentar a notoriedade da marca e sua credibilidade.
OBJEÇÕES AOS PRODUTOS/SERVIÇOS OU A LINHAS ESPECÍFICAS	
– As novas características do produto ou serviço são vistas com resistência.	– Destacar que as alterações (p. ex.: atributos dos serviços, tamanho ou embalagem do produto) foram remodeladas, aumentando seu apelo ao consumidor.
– Produtos ou serviços com poucos destaques em relação aos da concorrência.	– Destacar os aspectos diferenciais da oferta da empresa e desviar a atenção do cliente das características dos produtos da concorrência.
– Resistência à compra ou à experimentação de lançamentos.	– Destacar a questão da novidade e os atributos diferenciadores do lançamento. – No caso de clientes varejistas, argumentar sobre a necessidade de inovar as linhas de produtos para acompanhar as mudanças nas necessidades dos consumidores.
OBJEÇÕES À EMPRESA	
– O cliente não gosta da empresa.	– Descobrir as razões disso e tentar mostrar que os pontos que desagradam ao cliente estão sendo tratados ou foram mal interpretados por ele (p. ex.: insatisfação com compras anteriores, mau atendimento, defeitos no produto/serviço, etc.).

(continua)

Quadro 3.1 Agrupamento de objeções e desenvolvimento de estratégias de superação – exemplos (Continuação)

Exemplos de objeções	Como superá-las
– O cliente alega que a empresa/marca é desconhecida e não confia no que está sendo oferecido.	– Mostrar que a empresa tem "x" anos de mercado, história, área de atuação, clientes importantes (no caso de mercado industrial). – Se possível, apresentar materiais institucionais, convidar o cliente a visitar o *website* da empresa, etc.
OBJEÇÕES AO TRABALHO DO VENDEDOR	
– O cliente não simpatiza com o vendedor.	– Direcionar a atenção do cliente para os benefícios e atributos do produto ou serviço.
– O cliente (empresário) acredita que o número de visitas e a qualidade do suporte são baixos.	– Mostrar os investimentos que sua empresa está fazendo em processos e profissionais determinados a realizar um trabalho sério e estruturado.
– Descontinuidade do trabalho ou insatisfação com o atendimento de outros vendedores.	– Assumir os problemas e demonstrar compromisso em atender às solicitações do cliente. – Demonstrar que o cliente é a prioridade.
OBJEÇÕES AO PREÇO	
– Preços em relação aos da concorrência.	– Destacar atributos da empresa e de seu atendimento, contrapondo-os à questão dos preços: – Ressaltar a pontualidade e a qualidade dos produtos/serviços e do atendimento. – Salientar garantias e padrões da empresa. – Mostrar suas vantagens na relação custo/benefício.
– O cliente (no caso de varejistas) acha o produto muito caro.	– Enfatizar o posicionamento de suas marcas, a qualidade de seu produto e a rentabilidade que proporcionará ao cliente. – Apresentar alternativa (outra linha), se necessário.

Fonte: Elaborado pelos autores.

3.1.1 Lidando com objeções

As objeções, conforme vimos, são obstáculos ou questionamentos apresentados pelo cliente em meio ao processo de vendas, principalmente durante a abordagem e a negociação. O primeiro passo para obter sucesso nas vendas nessa etapa é saber lidar com as objeções e procurar transformar um questionamento, uma dúvida ou até mesmo uma crítica em uma vantagem na negociação. Destacamos aqui alguns comportamentos que você deve adotar nesse processo.

a) **Adotar atitude positiva** – Ao responder a objeções, nada é mais eficiente do que adotar uma atitude positiva, ou seja, receber bem essas objeções e responder a elas sinceramente, evitando discussões ou contradições. Na verdade, quanto mais os clientes confiarem nos vendedores, mais se sentirão confortáveis para levantar objeções e serem honestos, construindo, assim, uma relação de parceria. Essa atitude positiva pode ser demonstrada pelos seguintes comentários do vendedor:

- Entendo exatamente o que você quer dizer. Eu me sentiria da mesma forma.
- Estou feliz que você tenha mencionado isso.
- Esse é um ótimo comentário; entendo o seu problema.
- Se eu estivesse comprando este produto, gostaria de ter a mesma informação que o senhor.

b) **Dizer a verdade** – Ao lidar com os clientes, dizer a verdade é algo absolutamente necessário para garantir relações confiáveis e contínuas. Uma maneira de evitar mentiras é conhecer melhor os produtos da empresa e dos concorrentes, contra-argumentando com fatos e informações reais. Falar mal da concorrência na maioria das vezes soa mal.

c) **Antecipar objeções** – Quando um vendedor sabe que uma objeção será feita, ele deve ter uma boa resposta na hora. A capacidade de responder rapidamente ajuda a criar confiança e evita situações embaraçosas ou a perda da venda. A dica aqui é desenvolver um quadro parecido com o Quadro 3.1, listando as objeções mais freqüentes e as possíveis respostas a elas.

d) **Não interromper** – Ao responder a uma objeção, escute primeiro e depois responda. Deixe o cliente explicar seu problema completamente. Não o interrompa, mesmo que a situação esteja óbvia. Escute-a como se não soubesse do que se trata.

e) **Prevenir problemas conhecidos** – Bons vendedores sabem que seus produtos e serviços têm pontos vulneráveis, não bem compreendidos ou que são diferentes daqueles dos concorrentes. Em vista disso, o vendedor deve levantar essas objeções antes mesmo que os clientes o façam. Ele pode, por exemplo, suscitar um potencial problema de preço ao dizer que outros compradores reclamaram que o produto é caro; porém, aproveitará para deixar claro que o cliente pagará pouco diante da superioridade desse mesmo produto.

f) **Avaliar objeções** – As objeções podem ser classificadas como necessidades insatisfeitas (objeção real) ou como desculpas. Desculpas são problemas levantados pelo cliente que disfarçam as suas verdadeiras objeções.

3.1.2 Métodos de resposta eficientes

Não há um único método ou técnica perfeita que responda a todas as objeções. Estar preparado e utilizar a experiência anterior também pode ajudar nesse processo. Entretanto, destacamos alguns passos que devem ser seguidos:

> **Ouça atentamente; não interrompa.** Deixe o cliente explicar o problema; não fique irritado.

1. Repita a objeção para ter certeza de que a entendeu corretamente. Faça perguntas abertas que a esclareçam.
2. Antes de responder a ela, concorde o máximo possível com o raciocínio do cliente.
3. Avalie a objeção. Determine se é real ou apenas uma desculpa.
4. Decida que método utilizar como resposta. Eis os fatores a serem considerados: a fase do processo de compra em que foi feita a objeção; o humor do cliente; a razão da objeção; e a personalidade do comprador. Flexibilidade é essencial nessa etapa.

> **Obtenha o comprometimento do potencial comprador.** Responda a todas as suas objeções e faça-o perceber que elas já foram respondidas.

Para auxiliar o desenvolvimento das atividades de superação das objeções dos clientes, a Figura 3.2 ilustra algumas opções de métodos de respostas eficientes:

a) **Negação direta** – Ao se deparar com objeções baseadas em informações incompletas ou incorretas, cabe ao vendedor fornecer as informações ou corrigir os fatos. As pessoas em geral não gostam de ouvir que estão erradas, de modo que a negação direta deve ser usada com cautela.

Tipos de objeções / Métodos de respostas eficientes

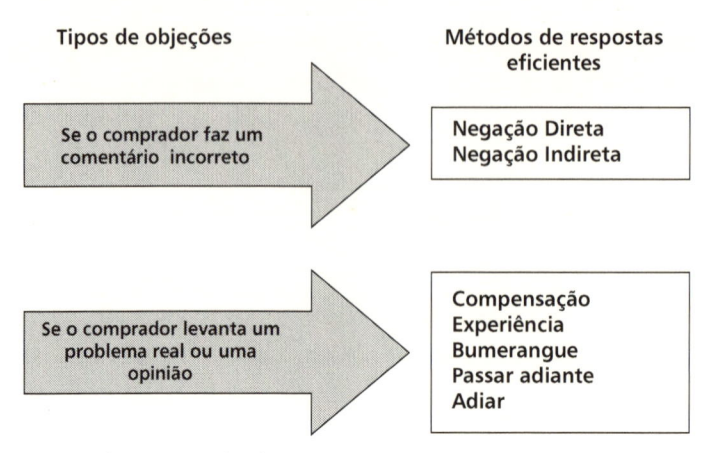

Tipos de objeções	Métodos de respostas eficientes
Se o comprador faz um comentário incorreto	Negação Direta Negação Indireta
Se o comprador levanta um problema real ou uma opinião	Compensação Experiência Bumerangue Passar adiante Adiar

Figura 3.2 Métodos de respostas às objeções.
Fonte: Elaborado pelos autores.

b) **Negação indireta** – Nesse caso, o vendedor rejeita a objeção, mas o faz de maneira suave, evitando contradições e confrontos diretos. Ele primeiro reconhece a posição do comprador e depois introduz a informação correta.

c) **Compensação** – Quase todo produto/serviço tem vantagens e desvantagens em comparação com os da concorrência. Um bom vendedor admite os pontos fracos, compensando-os com outras vantagens. Trata-se de um processo do tipo "balança", no qual se reconhece onde existe desvantagem, focalizando-se os argumentos onde se pode obter um maior diferencial.

d) **Experiência** – Quando as objeções refletem as atitudes e opiniões do próprio comprador, o vendedor pode mostrar, por exemplo, como outros indivíduos com a mesma opinião agiram após testar o produto.

e) **Bumerangue** – Consiste em usar a própria objeção como razão para agir; por exemplo, comprar o produto e testá-lo, a fim de garantir que é superior ao que o cliente está esperando.

f) **Passar adiante** – Algumas vezes o comprador faz objeções com o intuito de frustrar o vendedor. Nesse caso, a melhor estratégia é ouvir o cliente, mostrar que você entendeu o problema, parar e abordar o próximo tópico. Esse método, porém, deve ser usado com parcimônia, pois na maioria das vezes deixa o cliente sem uma resposta.

g) **Adiar** – Quando estiver inseguro ou não tiver informações para responder à objeção no momento em que ela é feita, o vendedor deve adiar a resposta, mostrando antes alguns pontos interessantes. Em caso de produtos ou serviços complexos ou muito técnicos, o vendedor deve solicitar um prazo maior e, depois de verificar as objeções, voltar ao cliente e responder às dúvidas que ficaram pendentes.

3.1.3 Objeção ao preço

Na maioria das vezes, o principal obstáculo para fechar um negócio é o preço. Ao deparar-se com objeções dessa natureza, o vendedor deve ter informações atualizadas sobre o preço de seus produtos e dos concorrentes, estabelecer o valor do produto (considerando o que o comprador está disposto a pagar em relação aos benefícios proporcionados) e dispor de ferramentas de comunicação eficazes (por exemplo, não apenas dizer, mas mostrar a qualidade e o valor do produto – demonstração do produto, resultados de testes de controle de qualidade, histórias e amostras). Deve-se principalmente trabalhar o conceito do "ganho que o produto trará ao comprador", ou seja, entrar na conta do comprador e mostrar a ele quanto irá ganhar.

3.2 Negociação

> *Todos nós negociamos, pois a negociação é simplesmente um modo eficiente de conseguir aquilo que queremos; negociamos para resolver nossas diferenças e negociamos por interesse próprio, para satisfazer às nossas necessidades.* (MILLS, 1993).

Em uma negociação, há interesses comuns e conflitantes de ambas as partes, de modo que só é possível efetivá-la quando há um ponto comum. Para que haja maiores opções e um bom desempenho na negociação, é importante que esse processo seja coberto de flexibilidade.

3.2.1 Variáveis básicas de um processo de negociação

Seja qual for o objetivo da negociação, sua importância e oportunidade, há três variáveis básicas que condicionam esse processo: poder, tempo e informação.

Essas variáveis surgem no dia-a-dia de qualquer indivíduo. O esquema da Figura 3.3 destaca as variáveis básicas de um processo de negociação, que serão comentadas a seguir.

Figura 3.3 Variáveis de um processo de negociação.
Fonte: Elaborado pelos autores a partir de Martinelli e Almeida (1998).

A) **Poder** – Dentro de certos limites, é possível conseguir tudo o que se deseja. Para tanto, é necessário estar ciente das opções, testar as suposições, correr riscos calculados e tomar como base informações sólidas, acreditando que essas informações sólidas possam lhe conferir algum poder. A negociação utiliza essa forma positiva de poder para nutrir a autoconfiança, defender interesses e realizar acordos satisfatórios para todas as partes. Os poderes são divididos em poderes pessoais e poderes circunstanciais. A seguir, discutiremos suas características e como podem ser utilizados no processo de vendas.

  a) **Poderes pessoais:** São poderes natos, presentes em qualquer situação, independentes do papel desempenhado, dos conhecimentos e das habilidades para lidar com pessoas. Podemos subdividi-los nas seguintes modalidades:
  - *Poder da moralidade:* transmitido desde a infância, relacionado à cultura, à instrução e ao conhecimento.
  - *Poder de atitude:* consiste em desenvolver a atitude de não se preocupar excessivamente.

- *Poder da persistência:* diferente da insistência, persistência refere-se aqui à perseverança, ou seja, à postura de não abandonar facilmente certas atividades.
- *Poder da capacidade persuasiva:* mostrar às pessoas a importância de algum fato. Para tanto, é necessário entender o que se diz e expressar-se com clareza.

b) **Poderes circunstanciais:** Tem a ver com a situação, o momento, o tipo de negociação e a influência do meio em que ela está acontecendo. Um fato é analisado de maneiras diferentes, conforme o ângulo de observação. O ambiente age como influenciador da negociação. Esses poderes são assim subdivididos:

- *Poder do especialista:* consiste em conhecer o que é negociado e com quem, bem como ter habilidades para estudar ou preparar uma boa maneira de negociar. Envolve ainda a experiência e vivência de situações semelhantes.
- *Poder de investimento:* se há algo difícil a negociar, é preferível deixar para o final, depois que o outro lado gastou energia, dinheiro e tempo. Isso pode ser fundamental em um ultimato, já que ninguém quer perder o que conseguiu até o momento do impasse.
- *Poder da posição:* trata-se do poder característico de algumas posições, como pai, chefe de setor, cliente, comprador, etc. Se por acaso a pessoa for destituída de tal função, perde esse poder.
- *Poder de legitimidade:* relaciona-se com a legitimidade do que está escrito. Tal legitimidade pode ser questionada ou desafiada.
- *Poder da concorrência:* a existência de concorrência aumenta o interesse do indivíduo em conhecer o produto. Assim, sempre que há uma disputa por algo que possuímos (mesmo que essa disputa seja artificial, como, por exemplo, informando que há pessoas interessadas no produto, quando na verdade não há), esse bem ganha valor.
- *Poder do precedente:* a questão do precedente não deve limitar os negociadores. O fato de existir um precedente negativo, como, por exemplo, uma venda não-realizada, não deve fazer com que o negociador desanime ou julgue não ter chances de negociar de maneira adequada.
- *Poder dos riscos:* ao negociar, é necessário correr riscos, mas com uma boa dose de bom senso e coragem; ou seja, correr um risco razoável, calcu-

lando vantagens e desvantagens, de modo que se possa arcar com conseqüências adversas.

- *Poder do compromisso:* ao fazer com que várias pessoas se comprometam com um mesmo projeto, é possível distribuir e, assim, diluir os riscos, facilitando a exploração de oportunidades favoráveis. A tensão em torno da negociação é reduzida, com a dedicação conjunta transmitindo confiança, poder. Se há conflitos ou discordâncias dentro de um mesmo grupo, sua posição é enfraquecida.
- *Poder de conhecer as necessidades:* investigando, observando, questionando e ouvindo, é possível arrecadar informações valiosas a respeito das verdadeiras necessidades das partes e, assim, estruturar uma negociação satisfatória. Você pode desenvolver esse poder utilizando os conceitos e ferramentas discutidos no Capítulo 2.
- *Poder de recompensa e de punição:* é difícil utilizar bem o poder. O ideal, ao contrário de punir, é mostrar à outra parte que o acordo só será satisfatório se ambos lucrarem; afinal, o importante é negociar bem e satisfazer às necessidades dos envolvidos, sem chantagens.
- *Poder de identificação:* fazer com que o oponente se identifique com o outro negociador aumenta a capacidade de acordo. Para que tal identificação aconteça, são importantes o profissionalismo e o bom senso, que vão redundar em cooperação, lealdade, respeito.
- *Poder de barganha:* é a capacidade de mudar a direção desejada, sendo o ambiente extremamente importante para isso. Relaciona-se também às partes envolvidas, às posições dessas partes e com o que o oponente pensa do negociador e da situação.

3.2.2 O processo de negociação

A negociação envolve um conjunto de entradas (como esforços) utilizadas com o objetivo de gerar um resultado em relação ao que está sendo negociado. O esquema da Figura 3.4 ilustra um processo genérico de negociação.

Os grandes negociadores sempre fazem seu trabalho de preparação. Eles conhecem seus negócios, seus oponentes, sabem o que querem e como consegui-lo. Há dois aspectos essenciais a serem considerados no planejamento de qualquer

ENTRADAS (influências)
- Diferenças individuais
- Valores pessoais
- Interesses comuns
- Relacionamentos
- Participação no processo
- Uso de poder e informação
- Comunicação bilateral
- Barganha
- Flexibilidade

PROCESSO
NEGOCIAÇÃO

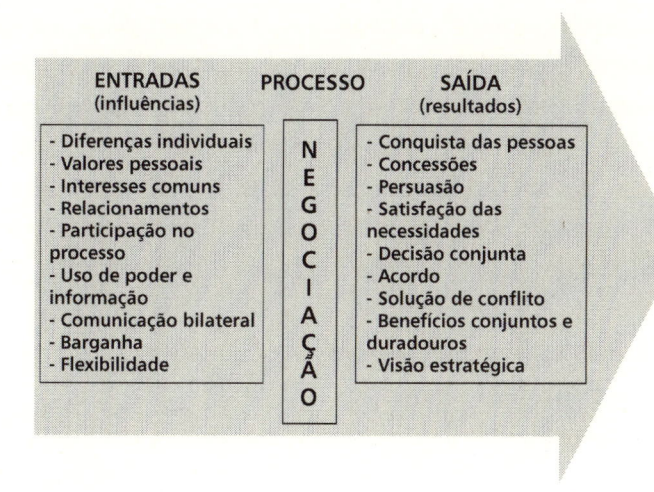

SAÍDA (resultados)
- Conquista das pessoas
- Concessões
- Persuasão
- Satisfação das necessidades
- Decisão conjunta
- Acordo
- Solução de conflito
- Benefícios conjuntos e duradouros
- Visão estratégica

Figura 3.4 Processo de negociação.
Fonte: Elaborado pelos autores.

negociação: (1) identificar o que se pretende e o que se está disposto a abrir mão ou a trocar; (2) selecionar a equipe para a negociação.

Um acordo de negociação deve ser composto de sete etapas. O esquema da Figura 3.5 ilustra as principais etapas do processo de negociação:

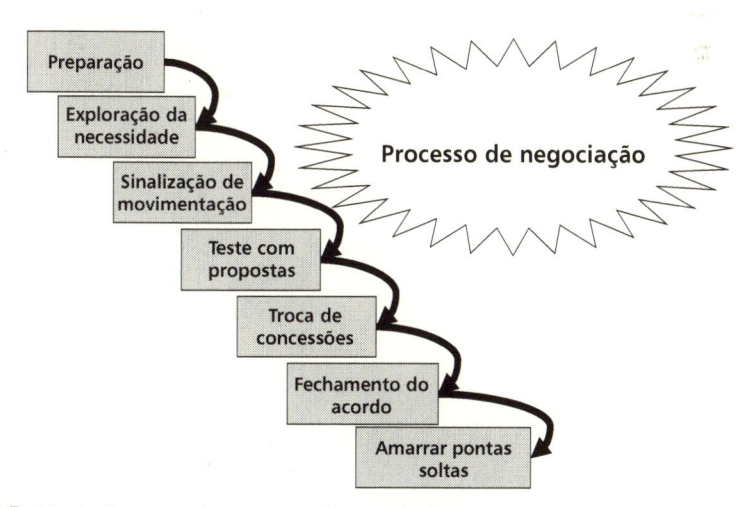

Processo de negociação:
- Preparação
- Exploração da necessidade
- Sinalização de movimentação
- Teste com propostas
- Troca de concessões
- Fechamento do acordo
- Amarrar pontas soltas

Figura 3.5 Principais etapas do processo de negociação.
Fonte: Elaborado pelos autores a partir de Martinelli e Almeida (1998).

1) **Preparação** – Estabeleça e priorize seus objetivos; determine as questões que podem ser colocadas na mesa e o que você deseja obter em troca; colete o máximo possível de informações; planeje a estratégia e a tática de apoio.
2) **Exploração das necessidades** – Esclareça suas próprias necessidades e as da outra parte; teste suas hipóteses; crie um clima em que todos ganhem; comunique sua posição receptiva e aprenda sobre a posição da outra parte.
3) **Sinalização da movimentação** – Sinalize que está preparado para a negociação e/ou responda aos sinais da outra parte.
4) **Teste com propostas** – Faça propostas tentadoras a fim de investigar os pontos em que o outro lado fará concessões; reordene propostas rejeitadas de forma que possam ser mais aceitáveis.
5) **Troca de concessões** – Negocie as concessões; atenda algumas solicitações da outra parte em troca do atendimento de reivindicações suas.
6) **Fechamento do acordo** – Evite fazer concessões em demasia; o processo de barganha deve ser encerrado por um fechamento aceitável e com credibilidade.
7) **Amarrar as pontas soltas** – Confirme exatamente o que ficou combinado; resuma os detalhes do acordo por escrito; concorde com um plano que possa resolver possíveis diferenças.

3.2.3 Habilidades essenciais dos negociadores

Para a eficácia da negociação, são necessárias algumas normas básicas, que podem ser encontradas a toda hora na mesa de negociações. Os pontos básicos em que você deve focar sua atenção incluem o seguinte:

- Concentrar-se nas idéias.
- Discutir as proposições.
- Proporcionar alternativas à outra parte.
- Ter objetividade no equacionamento dos problemas.
- Apresentar propostas concretas.
- Saber falar e ouvir.

- Pôr-se no lugar da outra parte.
- Ter consciência de que se negocia o tempo todo.
- Saber interpretar o comportamento humano e as reações das pessoas.
- Separar os relacionamentos pessoais dos interesses.
- Evitar um relacionamento em função de acordo, pois relacionamentos devem ser contruídos aos poucos.

3.2.4 Tipos e estilos de negociadores

Durante as negociações, as pessoas diferem na forma, no estilo e no comportamento. A seguir, apresentamos uma classificação dos possíveis papéis desempenhados pelos negociadores (Quadro 3.2).

Quadro 3.2 Estilos de negociadores

Negociadores eficazes	Negociadores analíticos
– Conhecem detalhadamente os fatos relacionados à negociação; – Documentam todas as declarações; – Fazem perguntas realistas, respondem a questões e fornecem informações complementares; – São precisos. Às vezes, porém, são insensíveis, perdem-se em detalhes e fazem declarações pouco precisas.	– Costumam apresentar seus argumentos de negociação de maneira lógica; – Negociam a agenda da reunião e estabelecem as regras da negociação; – Fazem perguntas, esclarecem sua posição; – Verificam os impactos sobre seu grupo e preparam eventuais adaptações; – Podem se envolver demais em argumentos e contra-argumentos, são frios.
Negociadores relativos	**Negociadores intuitivos**
– São facilitadores das relações entre os membros dos grupos de negociação; – Estabelecem boas relações com o outro grupo; – São sensíveis às reações dos negociadores; – Constroem a confiança; – Examinam as forças e fraquezas do oponente; – Podem se envolver tanto com o lado humano da negociação que acabam perdendo a direção dos objetivos e das estratégias da negociação.	– Costumam ter habilidade para trazer idéias, opções; – Enxergam claramente os pontos essenciais da negociação; – Examinam implicações futuras; – Supõem, por meio de palpites, qual é o caminho que a negociação está tomando; – Podem não ser realistas, muitas vezes não vêem os defeitos de suas idéias e o risco envolvido em suas propostas; – São difíceis de ser controlados.

Fonte: Elaborado pelos autores a partir de Martinelli e Almeida (1998), entre outros.

A seguir, apresentamos algumas táticas de barganha freqüentemente usadas por negociadores. Não esqueça de considerar o estilo da pessoa com quem está negociando, ajustando suas estratégias e atitudes de acordo com o estilo do "oponente".

a) *Mostrar entusiasmo!* – mostre o envolvimento emocional com sua posição; isso aumenta sua credibilidade.

b) *Apostar!* – crie uma margem ampla para negociação. Feitas todas as concessões, você sairá ganhando.

c) *Ter um aliado de prestígio* – este influenciará seu oponente a aceitar menos, em virtude de o negócio envolver tal aliado (pessoa ou projeto) de prestígio.

d) *Admitir limites* – reconheça que não pode mais fazer concessões.

e) *Passar a idéia de alçada* – você negocia de boa-fé e na hora de assinar... "Preciso consultar meu chefe".

f) *Dividir para conquistar* – venda suas propostas a apenas um membro da equipe; ele o ajudará a persuadir os demais.

g) *Ter controle emocional* – não dê nenhuma resposta verbal ou emocional ao oponente, não responda a pressões, "fique frio".

h) *Ter calma* – se você superar seu oponente em matéria de paciência, provavelmente terá sucesso.

i) *Repartir* – o primeiro a sugerir isso será o que menos perderá na negociação.

j) *Mostrar imprevisibilidade* – seja imprevisível, surpreenda seu cliente.

3.3 Como a tecnologia de informação pode ajudar você na superação de objeções de clientes?

A Internet é um recurso importante para buscar informações sobre os concorrentes, seus lançamentos e ofertas. É importante dispor dessas informações o mais rápido possível, para não ser surpreendido por objeções inesperadas.

Os sistemas de CRM – banco de dados sobre os clientes – precisam ser abastecidos com as principais objeções que determinado cliente tem apresentado. O estudo dessas objeções para uma próxima visita é fundamental. A consolidação das objeções que todos os clientes e uma empresa vêm apresentando é também uma informação estratégica que, armazenada em sistema, tem grande utilidade para as áreas da empresa – sejam tais objeções referentes a um problema de preço afetando a área financeira, ou de produto na área de produção, ou mesmo à falta de reconhecimento da marca demandando ações de comunicação.

3.4 Atividades e ferramentas para inserção em sua rotina de trabalho

A primeira sugestão que apresentamos aqui é que você desenvolva um quadro nos moldes do Quadro 3.1, apresentado no início deste capítulo, relacionando, na coluna da esquerda, as principais objeções dos seus clientes e, na da direita, alternativas e argumentos para superá-las. No início, você provavelmente não terá respostas para todas as objeções, mas, com a experiência que irá adquirir e os diferentes contatos com clientes e outros vendedores (principalmente de sua empresa) que irá estabelecer, poderá aprimorar seus argumentos e habilidades de negociação.

Lista de objeções	Argumentos para superá-las
– Objeção 1...	– Lista de argumentos que podem ser utilizados.
– Objeção 2...	
–	
– Objeção n.	

Além disso, disponibilizamos a você algumas ferramentas para testar suas habilidades de negociação. A primeira delas envolve uma lista de questões elaboradas por Mills em seu livro A *arte de vencer* (1993), que ajuda a realizar uma auto-avaliação da eficiência como ouvinte. Esse teste consiste em responder às dez perguntas apresentadas a seguir:

1. Você fala a maior parte do tempo?
2. Você fica impaciente e interrompe os outros?
3. Você termina as frases alheias?
4. Você começa a argumentar antes que a outra pessoa tenha terminado?
5. Você julga continuamente as mensagens da outra pessoa como "acreditáveis" ou "inacreditáveis"?

6. Você se desliga logo e finge dar atenção?
7. Você procura ouvir fatos, e não idéias?
8. Raramente você dá retorno visual?
9. Você se distrai facilmente com a linguagem emocional?
10. Você se deixa distrair pela aparência ou personalidade da pessoa?

Um sim como resposta a qualquer uma das perguntas significa que aquele item deve ser melhorado. Pense nisso e ponha-o em prática!

Por fim, sugerimos que você utilize o teste de habilidades de negociação desenvolvido por Hindle (1999). Trata-se de um exame simples, desenvolvido no formato de múltipla escolha. Seu resultado evidentemente não possui caráter científico, tampouco tem a pretensão de apresentar conclusões definitivas. No entanto, é muito útil como referencial do "nível" de habilidade presente em um indivíduo, sendo que cada questão serve como fonte de reflexão ao negociador, que poderá, a partir desses resultados, avaliar alguns pontos fortes e fracos do seu desempenho em negociações.

Eis as regras desse teste: avalie seu desempenho como negociador a partir das afirmações a seguir e marque as opções que mais se aproximam de sua experiência. Seja o mais sincero possível: se sua resposta for "nunca", marque 1; se for "às vezes", marque 2; e assim por diante. Some tudo e consulte a Análise de Resultados. Utilize as respostas para descobrir como melhorar.

CONTAGEM
1. Nunca
2. Às vezes
3. Várias vezes
4. Sempre

1. Eu estudo o outro lado antes de entrar em uma negociação	(1)	(2)	(3)	(4)
2. Leio documentos sobre o assunto em questão antes de formular a estratégia	(1)	(2)	(3)	(4)
3. Tenho clareza sobre os objetivos centrais da negociação	(1)	(2)	(3)	(4)
4. Escolho táticas de negociação adequadas a meus objetivos	(1)	(2)	(3)	(4)
5. Minhas estratégias de negociação me levam a atingir meus objetivos	(1)	(2)	(3)	(4)

6. Quando tenho representantes, explico-lhes a situação em detalhes	(1)	(2)	(3)	(4)
7. Quando recorro a representantes, confiro-lhes a autoridade necessária	(1)	(2)	(3)	(4)
8. Sou flexível nas negociações	(1)	(2)	(3)	(4)
9. Acredito que a negociação é uma oportunidade para o benefício mútuo	(1)	(2)	(3)	(4)
10. Entro nas negociações decidido a alcançar um meio-termo satisfatório	(1)	(2)	(3)	(4)
11. Transmito meus argumentos em linguagem simples	(1)	(2)	(3)	(4)
12. Explico meus argumentos de forma lógica e clara	(1)	(2)	(3)	(4)
13. Uso linguagem corporal conscientemente, para "falar" com o outro lado	(1)	(2)	(3)	(4)
14. Evito expor as fraquezas do adversário	(1)	(2)	(3)	(4)
15. Mantenho a boa educação em todos os momentos da negociação	(1)	(2)	(3)	(4)
16. Trabalho com prazos realistas, determinados pela negociação	(1)	(2)	(3)	(4)
17. Uso meus instintos para entender as táticas do oponente	(1)	(2)	(3)	(4)
18. Tenho poder suficiente para tomar decisões, quando necessário	(1)	(2)	(3)	(4)
19. Respeito qualquer diferença cultural apresentada pelo outro lado	(1)	(2)	(3)	(4)
20. Trabalho bem como membro de uma equipe de negociação	(1)	(2)	(3)	(4)
21. Sou capaz de ser objetivo e de me pôr no lugar do oponente	(1)	(2)	(3)	(4)
22. Sei como induzir o outro lado a fazer uma oferta	(1)	(2)	(3)	(4)
23. Evito fazer a oferta inicial	(1)	(2)	(3)	(4)
24. Progrido em direção a um acordo por meio de uma série de ofertas condicionais	(1)	(2)	(3)	(4)
25. Aproximo-me passo a passo de meu objetivo	(1)	(2)	(3)	(4)
26. Mostro minhas emoções apenas com fim tático	(1)	(2)	(3)	(4)
27. Durante o debate, efetuo regularmente o resumo do progresso feito	(1)	(2)	(3)	(4)
28. Faço rodeios de forma tática, a fim de ganhar tempo para refletir	(1)	(2)	(3)	(4)
29. Convoco uma terceira parte quando a negociação desanda	(1)	(2)	(3)	(4)
30. Emprego o mediador como ferramenta eficaz para quebrar um impasse	(1)	(2)	(3)	(4)
31. Asseguro-me de que todo acordo seja assinado por ambos os lados	(1)	(2)	(3)	(4)
32. Prefiro negociar uma situação de ganho mútuo sempre que possível	(1)	(2)	(3)	(4)
SOME SEUS PONTOS AQUI =>		[_____]		

Análise dos resultados do teste de habilidades de negociação desenvolvido por Hindle (1999)

Somados seus pontos, verifique seu desempenho na tabela adiante:

32–64: Suas habilidades de negociação estão fracas. Aprenda a reconhecer e usar as estratégias e táticas mais eficazes.
65–95: Você tem habilidades razoáveis, mas certas áreas ainda precisam ser melhoradas.
96–128: Suas negociações são bem-sucedidas, mas não se acomode. Continue preparando-se para as futuras discussões.

3.5 Resumo

Este capítulo apresentou mais um conjunto de informações, técnicas e ferramentas para auxiliá-lo a dominar o processo de vendas. Nele, detalhamos as questões relacionadas à superação de objeções e ao processo de inovação.

Procuramos também apresentar formas de desenvolvimento de habilidades de negociação e de reconhecer o estilo de seus clientes, adaptando estratégias, comportamentos, atitudes e argumentos para melhorar o desempenho de vendas. Destacamos tratar-se de um processo de desenvolvimento contínuo, que você deve melhorar e aprender a cada dia, utilizando suas experiências em novas situações.

Enfatizamos ainda as variáveis e o processo de negociação, procurando ajudá-lo a melhorar e desenvolver suas habilidades, de modo que você possa lidar com tempo, poder e informação, fatores esses extremamente necessários para seu sucesso nas negociações. Tais questões estão relacionadas com o sistema de informações e planejamento que você aprendeu no Capítulo 2 e também constituirão sua base para o desenvolvimento de bons relacionamentos de venda e fidelização, conforme discutiremos no Capítulo 4.

Questões para reflexão:

- Você encara as objeções como oportunidades ou ameaças durante a negociação? Como você pode se beneficiar das objeções dos clientes?
- Você apresenta uma atitude proativa, sincera e planejada ao lidar com as objeções?
- Você procura utilizar métodos de respostas eficientes, sem "bater de frente" com seus clientes?
- Você reconhece as principais variáveis da negociação e procura utilizá-las a seu favor?
- Você entende a negociação como um processo que pode ser aprimorado e desenvolvido?
- Você reconhece seu estilo de negociação, avaliando suas vantagens e desvantagens?
- Você conhece as principais habilidades dos negociadores, auto-avalia-se e procura melhorar suas habilidades?

- Você utiliza táticas de barganha coerentes quando negocia com seus clientes?

No Capítulo 4, avançaremos nossa discussão sobre o processo de vendas e apresentaremos conceitos e ferramentas cujo propósito é aprimorar conhecimentos e habilidades para o fechamento das vendas e o desenvolvimento de relacionamentos com os clientes. O objetivo é que você reconheça seus principais clientes e desenvolva ações conforme sua classificação, aumentando a fidelização e a participação de suas vendas junto a eles. Desse modo, você estará fechando o ciclo de vendas e se preparando para dominar o processo de vendas e aumentar continuamente seu desempenho.

4 FECHAMENTO E PÓS-VENDA

CASO DE ABERTURA

Alberto voltava do trabalho, quando lembrou que estava completando um ano de casado e nem sequer havia feito uma ligação para sua esposa. Eram quase 19h, e ele procurava desesperadamente uma floricultura para comprar um ramalhete de flores. Ao encontrar a "Flor-do-Campo", em seu caminho de volta para casa, Alberto entrou no estabelecimento e foi logo se dirigindo ao balconista:

– Amigo – disse Alberto –, preciso urgentemente de um buquê de rosas.

– É para alguma ocasião especial?, perguntou o balconista.

– Especial!!! Era!

– Era?

– Sim, era. É que hoje é meu aniversário de casamento, e eu esqueci. Nem sequer fiz uma ligação à minha esposa. Tive muitas reuniões, decisões difíceis e acabei me esquecendo...

– Não se preocupe. Façamos o seguinte: o senhor chega em casa, dá um longo beijo em sua esposa e pergunta se ela gostou das flores. Ela ficará espantada e lhe dirá que não as recebeu. Então, o senhor pega o telefone, liga para o número que lhe darei e me passa o maior sermão por ter estragado essa importante data. Em poucos minutos, vou até sua casa, entrego as flores com um belo cartão e peço mil desculpas...

E assim fizeram.

Antes de finalizar o acerto, o balconista registrou os dados de Alberto e de sua esposa, nomes, endereço, data de aniversário, preferências, etc.

Ao chegar em casa, Alberto procedeu como combinado com o balconista. Dentro de poucos minutos, este chegou, entregou um imenso buquê de rosas vermelhas, o cartão e passou a se retratar, quase de joelhos, ante a esposa de Alberto.

Em poucos minutos, ela estava encantada e ainda se desculpava com Alberto só por ter pensado que ele havia esquecido a data do casamento.

– Que absurdo, desculpe-me... – sussurrava a jovem.

Passados alguns meses, Alberto recebe uma ligação.

– Sr. Alberto, boa tarde. Aqui é o Carlos, da Flor-do-Campo, tudo bem?

Alberto parou um instante e pensou: "Carlos? Flor-do-Campo?" Respondeu então:

– Não me recordo. Carlos, da Flor...

– Sou o Carlos, que lhe entregou as flores no dia do aniversário de seu casamento, lembra?

– Ah! Como poderia esquecer! Claro que lembro.

– Então, sr. Alberto. É que amanhã é o aniversário da sra. Flávia; o sr. não quer fazer uma surpresa para ela?

– Nossa, ainda bem que você me ligou...

Conversaram um pouco, e mais uma venda foi realizada por Carlos; desta vez, uma cesta com flores-do-campo e adornos para jardim.

O tempo passou, e em dois anos a Flor-do-Campo tornou-se o "fornecedor" oficial dos presentes de Alberto. Carlos já conhecia e mantinha registros das datas especiais de Alberto e Flávia, e também já sabia as principais datas referentes à mãe de Carlos e à sua sogra.

Até de Clara, a filhinha de Alberto de apenas dois anos, Carlos já tinha informações.

E com freqüência, alguns dias antes de datas especiais, o balconista contatava Alberto, lembrando-lhe de tais datas e dos últimos presentes oferecidos (para não repeti-los), de modo que mais vendas eram realizadas.

Já faz quase um ano que não falo com Alberto, mas posso afirmar que ele ainda é cliente da Flor-do-Campo, graças ao trabalho de venda e pós-venda tão bem executado por Carlos, o balconista da floricultura.

Carlos desenvolveu uma ferramenta simples e eficiente para manter contato com seus principais clientes, de quem procura explorar o potencial de compra oferecendo produtos em datas especiais. A cada contato, atualiza seus dados e faz uma prospecção de possíveis oportunidades relacionadas a eles.

Pelo que pudemos ver, Carlos é um ótimo vendedor, um profissional que desempenha corretamente as suas atividades. Mais do que isso, ele se preocupa em fechar as vendas atuais já pensando na próxima. Mantém relacionamento e realiza pós-venda junto a seus clientes. Esse é o tema deste capítulo.

VISÃO GERAL

No presente capítulo, encerraremos o ciclo do processo de vendas proposto neste livro e abordaremos as atividades de fechamento de venda e pós-venda. Trataremos do fechamento da venda não como o fim do processo, mas como o início de um ciclo contínuo de relacionamento com os clientes. Apresentaremos algumas ferramentas de fechamento de vendas e aprofundaremos nossa discussão nas estratégias e ferramentas para estabelecer relacionamentos e desenvolver atividades de pós-venda. Por fim, abordaremos alguns conceitos e atividades de *marketing* de relacionamento, tipos de relacionamento, classificação e diferenciação de clientes.

OBJETIVOS DO CAPÍTULO

Depois de ler este capítulo, você será capaz de:

- aprimorar suas habilidades de fechamento de vendas;
- desenvolver estratégias e um plano de pós-vendas;
- entender os conceitos e as ferramentas de *marketing* de relacionamento;
- distinguir os diferentes tipos de relacionamento;
- entender as fases de uma parceria;
- classificar seus clientes e identificar seu valor real e potencial.

4.1 O fechamento da venda

Conforme vimos ao longo deste livro, "vender" é um processo, ou seja, um conjunto de etapas seqüenciais. Se planejadas e bem implementadas, elas aumentam as chances de sucesso, desde o início do contato com o cliente até sua manutenção e futuras recompras.

O fechamento é, portanto, mais uma etapa da venda do que seu fim. Contudo, muitos vendedores começam o contato com o cliente, seja este um cliente novo ou um já conhecido, com o objetivo único de *tirar o pedido*. Ao fazer isso, o vendedor está "comendo" etapas e perdendo a oportunidade de conhecer melhor o cliente e aumentar seu desempenho.

Naturalmente, todas as pessoas envolvidas na atividade de vendas querem ter sucesso no fechamento. Na maioria das vezes, esse é o momento mágico para o vendedor. Infelizmente, alguns (para não dizer muitos) deles não chegam a essa etapa ou não obtêm sucesso na negociação.

As situações de venda podem diferir muito, uma vez que cada segmento e produto/serviço tem suas especificidades. Mas é preciso saber o momento exato de partir para o fechamento, identificando ações físicas, declarações ou comentários e perguntas dos compradores, que costumam (conscientemente ou não) sinalizar a hora de concluir a venda.

Assim, ao atentar para o início dessa etapa, o vendedor pode definir suas ações e dar início ao fechamento, oferecendo incentivos específicos para a conclusão da compra, como preço especial, uma quantidade extra ou um brinde. Além disso, o cliente precisa sentir que a idéia da compra foi dele. Nesse sentido, algumas das técnicas que podem ser utilizadas são mostradas no Quadro 4.1:

Quadro 4.1 Técnicas de fechamento e perguntas – exemplos

Tipo de fechamento	Perguntas ou observações do vendedor
– Fechamento direto.	– Como o(a) sr.(a) prefere pagar?
– Fechamento pressuposto.	– Quer que entreguemos, ou o(a) sr.(a) retirará na empresa?
– Fechamento com pergunta aberta.	– Em que dia quer que seja feita a entrega?
– Fechamento de entrega e serviço.	– Podemos entregar-lhe amanhã. Quer que traga alguns materiais adicionais?
– Fechamento de persuasão leve.	– Aproveite que as matérias-primas ainda não subiram e leve.
– Fechamento com urgência.	– Amanhã os preços de tabela subirão. – Amanhã não garantimos que teremos em estoque.
– Fechamento com produtos/serviços complementares.	– Não quer aproveitar e comprar um rádio e um jogo de rodas? (vendedor de carros)
– Fechamento "qual dos dois".	– Prefere o preto ou o azul? – Posso visitá-lo na segunda ou na quinta?

Saber identificar o momento certo e usar corretamente essas técnicas são características que variam de pessoa a pessoa. Em todas as equipes de vendas, há indivíduos que são melhores do que outros para fechar negócios. Bons fechadores de negócios nutrem um forte desejo de efetivar cada venda proposta. Demonstram atitude positiva em relação aos benefícios que seu produto ou serviço pode trazer ao consumidor. Conhecem seus clientes e adaptam suas apresentações para atender às necessidades específicas de cada um deles.

Bons fechadores conhecem o processo de vendas e se preparam para cada visita ou contato. Conferem atentamente as necessidades dos clientes, observando, fazendo perguntas inteligentes e, acima de tudo, escutando com interesse. Além disso, não desistem diante da primeira negativa.

Assim, caso ouça um não de um cliente, procure identificar a natureza da objeção e, então, volte à apresentação (veja no Capítulo 3 como lidar com objeções). Depois de discutir as informações pertinentes para responder a tal objeção, utilize um fechamento tentativo para descobrir se ela foi superada e, em seguida, verifique se existe mais alguma objeção.

Se a resistência do cliente continuar, permaneça positivo e lembre-se de que, a cada vez que tenta um fechamento, você está muito mais perto de efetivar a venda. Ademais, sempre solicite o pedido e depois espere em silêncio, evitando que o cliente fuja à necessidade de tomar a decisão.

Assim, embora haja muitos fatores a considerar quando do fechamento de uma venda, cada pessoa que se proponha atuar na atividade de vendas deve procurar constantemente aprimorar suas habilidades. Os itens a seguir são essenciais para melhorar suas possibilidades de sucesso no fechamento das vendas:

- Tenha certeza de que o cliente está compreendendo o que você fala. Evite termos complexos e palavras que ele não entenda.
- Sempre apresente uma história completa, para garantir a compreensão.
- Tudo o que você fizer e disser deve estar relacionado ao ponto de vista do cliente. Pense como o cliente e se ponha no lugar dele para definir suas argumentações.
- Defina metas altas para si mesmo e desenvolva um plano de compromisso pessoal para atingi-las.
- Desenvolva e mantenha uma atitude positiva, autoconfiante e entusiástica em relação a si mesmo, a seus produtos e serviços, a seus clientes e a seu fechamento.
- Aprenda a reconhecer os sinais de compra.
- Adapte o fechamento a cada cliente. Oitenta por cento dos clientes responderão bem a um fechamento-padrão. É em relação aos outros 20%, portanto, que você precisa se prevenir. Esteja preparado para dar todas as informações solicitadas ao cliente especialista e exigente, fazer elogios ao egocêntrico, conduzir o indeciso e diminuir o ritmo para o mais lento.
- Antes de fechar a venda, experimente um fechamento tentativo.
- Depois de solicitar o pedido de fechamento, fique em silêncio.
- Jamais desista diante do primeiro não, mas saiba distinguir entre a persistência positiva e a insistência negativa.

- Caso não consiga efetuar a venda, lembre-se sempre de agir como um vendedor profissional, sendo cortês e agradecendo ao cliente pela oportunidade de ter apresentado seu produto ou serviço. Isso permitirá que a porta permaneça aberta para um próximo contato.

4.2 Estabelecendo o relacionamento – atividades de pós-venda

O objetivo maior de qualquer empresa e dos vendedores de alto desempenho é, mais do que fazer o cliente comprar, mantê-lo comprando e desenvolver com ele um relacionamento.

Dessa forma, destacamos que essa última etapa do processo de vendas é necessária e de extrema importância, se o vendedor deseja assegurar a satisfação do cliente e novos negócios futuros com ele. Em vista disso, após o fechamento da venda, o processo não foi encerrado, e sim iniciado um ciclo de relacionamento com os clientes.

Para isso, vendedores que desejem obter um alto desempenho imediatamente após o fechamento devem se preocupar em completar os detalhes necessários à finalização da transação de venda, como prazo de entrega, condições de compra, entre outros. Devem, inclusive, programar-se para futuras visitas ou contatos. Como exemplo dessas atividades, podemos citar os vendedores de bens de consumo no varejo, que se preocupam em acompanhar a venda após a recepção do pedido e assegurar que a disposição dos produtos e materiais de ponto-de-venda será adequada. Essa visita detectaria possíveis problemas, assegurando uma maior satisfação do comprador, além de demonstrar preocupação com o cliente, o que é muito importante para futuras vendas.

Podemos também citar como exemplo as atividades de um prestador de serviços que se preocupa em contatar o cliente após o serviço e verificar se ele ficou satisfeito, agradecendo-lhe em caso positivo, ou propondo ações corretivas em caso negativo.

Independentemente do ramo de atividade em que você atue ou do tipo de produto ou serviço que venda, seu sucesso estará atrelado à forma como desenvolve seu plano de manutenção para garantir que o cliente não seja esquecido ou perdido para um concorrente.

Assim, fechamos o ciclo completo de vendas, em que as atividades de pós-venda finalizam a transação atual e servem como ponte para a manutenção do relacionamento e das vendas futuras. A Figura 4.1, a seguir, ilustra o processo de vendas e pós-venda.

Ressaltamos aqui que estamos chamando de pós-venda um conjunto de atividades de acompanhamento e manutenção de relacionamento. Geralmente, associamos pós-venda àquelas ligações que recebemos da empresa ou do vendedor. Sem dúvida essa é uma das atividades, mas não é e não deve ser a única. Trataremos aqui de ações específicas e direcionadas aos clientes de elevado valor, com os quais se pretende manter um relacionamento prolongado. Avançaremos nesse assunto no tópico a seguir.

4.2.1 O *marketing* de relacionamento

O *marketing* de relacionamento envolve um conjunto de ações que buscam conquistar a fidelidade do cliente. Para atingir esse objetivo, as empresas usam com-

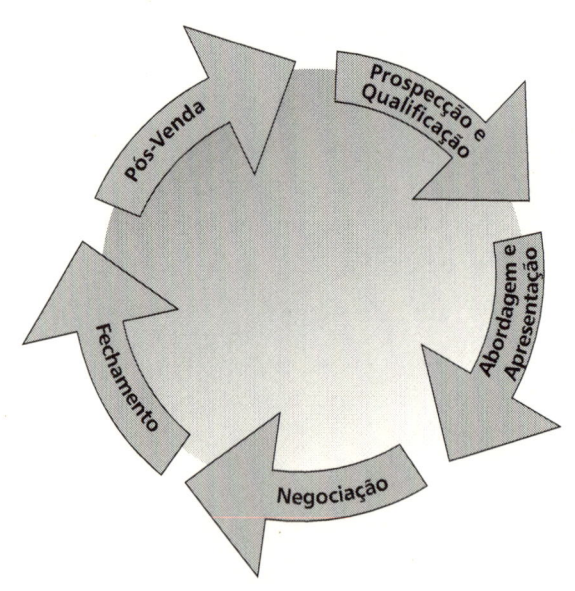

Figura 4.1 Ciclo de vendas e pós-venda.
Fonte: Elaborado pelos autores.

binações de produto, preço, promoção e serviço. O *marketing* de relacionamento baseia-se na idéia de que clientes importantes precisam de atenção contínua.

Assim, o relacionamento entre um cliente e um vendedor não deve terminar quando a venda é concluída. Está se tornando cada vez mais importante para os vendedores estabelecer relacionamentos de longo prazo com os clientes, a fim de que estes os procurem na próxima vez em que estiverem necessitando de seus produtos ou serviços.

Muitas pessoas acreditam que o maior esforço de venda destina-se a conseguir a venda inicial. Para a maioria dos vendedores, porém, as vendas aumentam de ano a ano devido ao aumento do faturamento adquirido com os clientes atuais, e não apenas com os novos clientes. Mesmo nas indústrias, em que as decisões de compra não são muito freqüentes, os vendedores obtêm vantagem competitiva ao manter relacionamentos com seus clientes. Eventualmente, quando decisões de compra precisam ser tomadas, esses clientes procuram as pessoas que conhecem e em quem confiam.

Manter clientes é importante para todas as empresas. Um estudo mostrou que 65% dos negócios médios de uma organização são feitos com clientes atuais e satisfeitos. Outro estudo descobriu que a aquisição de novos clientes custa cinco vezes mais do que a manutenção dos atuais (Peppers e Rogers, 2001).

Pensando nessas questões, deve-se utilizar uma metodologia correta para interagir com o cliente. A interação não pode ser um evento aleatório e desconexo. Para construir um relacionamento, ela deve

1. reduzir ao mínimo a inconveniência para o cliente;
2. resultar em algum benefício real para o cliente;
3. influenciar sua conduta com relação a esse cliente.

Isso significa que a interação com um cliente deverá guiar-se pela necessidade e pelo valor desse cliente. Uma informação útil, mas difícil de obter sem a interação, é o nível de satisfação do consumidor relativamente ao produto ou serviço. Se a cada negociação houver uma maior satisfação – experiências crescentes de melhor qualidade –, estará se criando um "relacionamento de aprendizagem", de modo que, após algumas interações, o cliente se tornará extremamente fiel. Contudo, não se deve usar esse tipo de interação em excesso, ou os clientes se fecharão completamente ao contato.

A interação não é um fim em si mesmo, mas um meio que a tecnologia disponível permite utilizar. Não se trata simplesmente de fazer com que o cliente se sinta melhor, simulando-se atenção a ele. Por meio do diálogo, obtemos a informação que nos possibilita fazer ou produzir algo para o cliente que um concorrente só poderá realizar se dispuser da mesma informação. O diálogo está, portanto, no âmago do relacionamento de aprendizagem.

4.2.2 Tipos de relacionamento

Existem dois tipos básicos de relacionamento: a troca mercantil e a parceria (ver Figura 4.2). O primeiro deles refere-se a uma transação entre um comprador e um vendedor, na qual ambos estão preocupados apenas em conseguir benefícios para si próprios. O vendedor busca tão-somente efetuar a venda, e o comprador, adquirir o produto ou serviço pelo menor preço possível. Infelizmente, a maioria das transações enquadra-se nesse tipo, em que o preço é o fator crucial de deci-

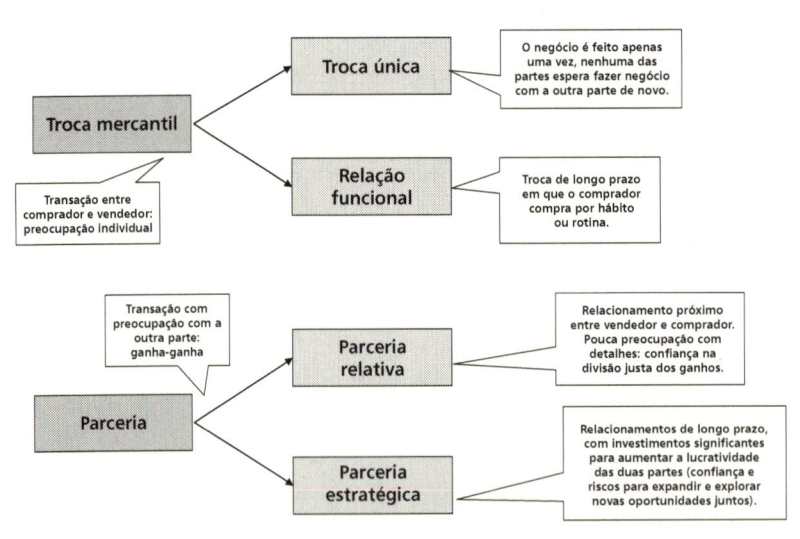

Figura 4.2 Tipos de relacionamento.
Fonte: Elaborado pelos autores.

são e há grande flexibilidade para as partes. As trocas mercantis subdividem-se nas seguintes modalidades:

- **Troca única:** o negócio é feito apenas uma vez; nenhuma das partes espera fazer negócio com a outra parte de novo.
- **Relação funcional:** troca de longo prazo, em que o comprador compra por hábito ou rotina.

Já em um relacionamento de parcerias, ambas as partes estão preocupadas com o bem-estar da outra e com o desenvolvimento de uma relação "ganha-ganha". Trabalhando juntas, as duas partes se beneficiam. Dois tipos de parcerias podem ser aqui identificados:

- **Parceria relativa:** baseada principalmente no relacionamento próximo entre o vendedor e o comprador, criando um clima de cooperação entre os dois. Eles não se preocupam com detalhes, pois confiam um no outro e na divisão justa dos ganhos. Esse tipo de parceria pode não ser estratégica para as empresas, mas o é para os indivíduos envolvidos.
- **Parceria estratégica:** são relacionamentos de longo prazo, nos quais os parceiros realizam investimentos significativos para aumentar a lucratividade das duas partes. Nesses casos, os parceiros não só confiam um no outro, como também assumem riscos para expandir e explorar novas oportunidades juntos.

Ainda que nem todos os relacionamentos se tornem parcerias, parcerias estratégicas tendem a passar por várias fases, conforme destacado na Figura 4.3. Para facilitar seu entendimento, pense em uma "parceria" muito comum – o casamento. A exemplo das demais formas de parceria, esta também passa pelas seguintes fases:

Fase 1: Consciência – Nesse estágio, ainda não há negociação. O vendedor localiza e quantifica os prospectos, enquanto os compradores identificam várias fontes de suprimento.

Fase 2: Exploração – A exploração refere-se à fase de procura e triagem para o vendedor e para o comprador. O comprador pode até fazer algumas compras, mas estas são trocas mercantis, não envolvendo relacionamento ou comprometimento.

Fase 3: Expansão – Nesse ponto, o fornecedor já passou por vários testes, podendo ser considerado em negócios adicionais. A fase de expansão envolve o esforço de ambas as partes na investigação dos benefícios de uma relação de longo prazo.

Fase 4: Comprometimento – Nesse estágio, o cliente e o vendedor já deixaram explícito ou implícito sua intenção de continuar com a relação. O comprometimento representa o estágio mais avançado de um relacionamento, no qual são feitos investimentos, especialmente na forma de partilha de informações, planos e objetivos.

Fase 5: Dissolução – A dissolução pode ocorrer a qualquer momento do processo de relacionamento, devido a fatores como baixa *performance*, choque de culturas, mudança de necessidades, entre outros.

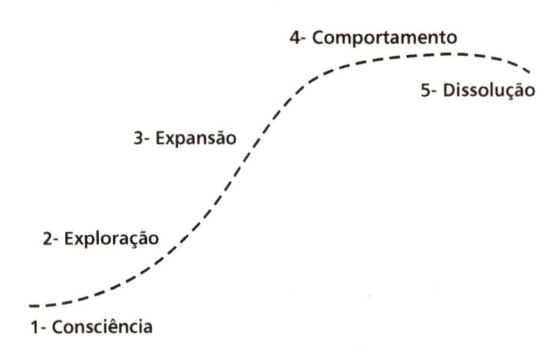

Figura 4.3 Fases da parceria.
Fonte: Elaborado pelos autores.

A maioria das empresas concentra-se somente na troca única com cada cliente, como, por exemplo, uma lanchonete, uma lavanderia ou um cinema. Cada um desses exemplos envolve alta rotatividade de um grande número de clientes geograficamente dispersos, o que torna muito difícil e caro o contato com a clientela, razão pela qual a empresa é obrigada a usar o *marketing* transacional.

O *marketing* de relacionamento, por sua vez, concentra-se na transação – em efetuar a venda –, bem como em seu acompanhamento e no serviço pós-venda. O vendedor e a empresa devem manter contato com o cliente, a fim de verificar sua satisfação com a compra. Ao comprar alguma coisa, temos certas expectativas quanto ao que iremos receber em troca do nosso dinheiro. O mesmo acontece com as empresas. O cliente recebeu o que esperava? A resposta a essa pergunta determina o nível de qualidade dos serviços percebido pelo comprador.

O serviço ao cliente consiste em atividades e programas oferecidos pela empresa e pelo profissional de vendas para tornar a relação satisfatória para sua clientela. Tais atividades e programas agregam valor à relação do cliente com o vendedor. Garantias, crédito, rapidez de entrega, faturas, demonstrações financeiras, pedidos informatizados, estacionamento, embalagens para presente e reposição de estoque são exemplos de serviços destinados a satisfazer aos clientes.

A satisfação do cliente também está relacionada com as expectativas atendidas. Diz respeito a seus sentimentos em relação à compra. Em outras palavras, é a diferença entre o que é esperado e a experiência real da aquisição. Se o cliente estiver satisfeito, aumentam as probabilidades de que ele volte a comprar no futuro. Se ficar satisfeito com compras repetidas, provavelmente continuará comprando do mesmo vendedor (ver Figura 4.4).

Assim, a satisfação do cliente pode resultar em uma relação de tamanha fidelidade que será muito difícil para outro profissional de vendas conseguir esse negócio. Logo, a retenção dos clientes é fundamental para o sucesso de longo prazo do profissional.

Dessa forma, as ações para as quais o vendedor deve atentar durante todo o processo de vendas envolvem, em primeiro lugar, incutir nos clientes apenas expectativas que possam ser cumpridas, não oferecendo mais do que a capacidade de atendimento. Em segundo lugar, deve-se ter em mente que a experiência do

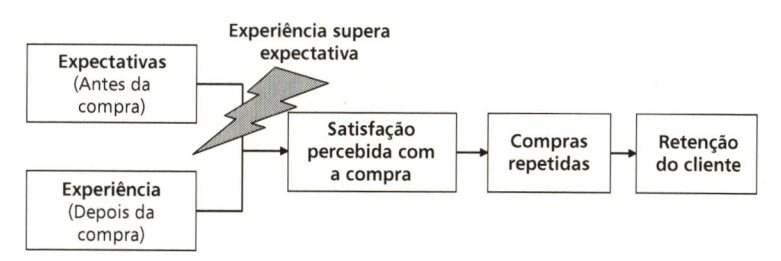

Figura 4.4 Processo de satisfação e retenção de clientes.
Fonte: Elaborado pelos autores a partir de Zeithaml e Bitner, 2003.

cliente é fundamental e é formada desde os contatos iniciais, durante a prospecção, até as atividades de pós-venda. Assim, desempenhar bem esse processo é o segredo para satisfazer à sua clientela.

Ademais, diversos trabalhos e a experiência têm demonstrado que satisfazer aos clientes e retê-los em uma base segura e crescente de vendas inclui o seguinte:

- **Reafirmar a avaliação do cliente:** os clientes quase sempre se mostram inseguros quanto a suas decisões depois de fazer uma compra, especialmente se esta incluir produtos específicos, de alto envolvimento e custo elevado. Nesse caso, os vendedores podem aumentar as chances de que os clientes fiquem satisfeitos com suas compras simplesmente corroborando a decisão que tomaram. Confirmações do tipo "tenho certeza de que você fará bom uso do produto", "ligue-me, se precisar de ajuda", "aqui está o meu cartão" reafirmam essas questões.

- **Garantir o uso apropriado do produto ou serviço:** se os clientes não estiverem familiarizados com o produto ou serviço que adquirirem, poderão ficar insatisfeitos quando o usarem pela primeira vez. Além disso, mesmo que fiquem satisfeitos, se não conhecerem suas capacidades, poderão não tirar máximo proveito. Ações de pós-venda como explicações adicionais, treinamento do cliente e acompanhamento de uso e desempenho reforçam a experiência positiva e, conseqüentemente, a satisfação dos clientes.

- **Administrar as reclamações dos clientes:** os vendedores devem encarar as reclamações como uma oportunidade de demonstrar sua preocupação com os clientes. Dar um retorno e demonstrar interesse é essencial para evitar a insatisfação pós-compra. O tratamento correto das reclamações e a realização de ações corretivas podem gerar tanta satisfação quanto uma compra que não ocasione problemas, pois os clientes sentem que realmente tiveram um tratamento especial.

- **Lembrar-se dos clientes entre os contatos e visitas:** manter contato com os clientes entre um processo de compra e outro (telefonar, fazer pedidos especiais, separar produtos que os clientes possam gostar, etc.) é uma forma eficaz de construir clientela. Nos casos em que o ciclo de vendas é longo (por exemplo, quando envolve carros, pacotes de viagens, bens

industriais, insumos agrícolas, entre outros), a manutenção do contato e o reforço na lembrança do cliente são fundamentais para sua retenção.
- **Estabelecer relacionamentos especiais:** os clientes desenvolvem um forte relacionamento com os vendedores que oferecem funcionalidade, amizade e confiança. O estreitamento desse vínculo geralmente decorre de ações planejadas, acompanhamento constante, contatos específicos e oferta de benefícios valorizados pelos clientes.

Dessa forma, o vendedor deve sempre procurar ajudar seus clientes a obter o melhor resultado possível com os produtos adquiridos (no caso de um cliente final) ou auxiliá-los a aumentar as vendas de seu produto (no caso de um varejista ou revendedor). Para convencer um cliente a comprar mais de seus produtos/serviços ou a usá-los de uma forma diferente, é preciso criar um programa que maximize as vendas para esse cliente.

Tais medidas pressupõem a criação de um programa, bem como a *penetração da conta* ou o aumento da *participação junto ao cliente*, promovendo, por exemplo, o aumento do número e do tamanho dos produtos comprados pelo consumidor; o aumento da freqüência de compra ou utilização de um serviço; a manutenção de níveis de estoque adequados no depósito e nas prateleiras do cliente; a obtenção de bom espaço e posicionamento nessas prateleiras; uma comunicação clara com pessoas que vendam ou usem diretamente o produto ou serviço; disposição de ajudar vendedores atacadistas e varejistas de todas as formas possíveis; disposição de ajudar os clientes; e um esforço geral no sentido de desenvolver um relacionamento comercial amistoso e positivo com eles. Com isso, o vendedor aumentará sua capacidade de ajudar e servir adequadamente a cada um de seus clientes.

4.2.3 Foco no relacionamento: classificação de clientes

Desenvolver um bom relacionamento somente será possível depois de uma análise da carteira de clientes. Em geral, essas atividades são inicialmente direcionadas aos "melhores" clientes, sendo para tanto necessário definir quem são eles. Chamamos essa atividade de *classificação de clientes*, o primeiro passo para o desenvolvimento e a implementação de um programa de relacionamento com clientes (CRM – *Customer Relationship Management*). A Figura 4.5 esquematiza os estágios de CRM.

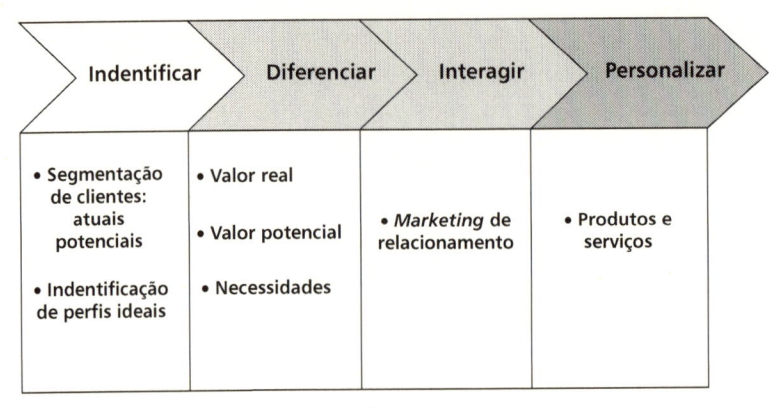

Indentificar	Diferenciar	Interagir	Personalizar
• Segmentação de clientes: atuais potenciais • Indentificação de perfis ideais	• Valor real • Valor potencial • Necessidades	• *Marketing* de relacionamento	• Produtos e serviços

Figura 4.5 Os estágios de um programa de CRM.
Fonte: Peppers e Rogers (2001).

Começamos esse processo observando que os clientes se distinguem principalmente de duas maneiras – têm valores diferentes para a empresa e o vendedor e precisam de coisas diferentes. Em outras palavras, as questões-chave de classificação (segmentação) dizem respeito ao que *o cliente quer* e a *qual é o seu valor*.

O valor de um cliente, relativamente a outros, permite que você priorize seus esforços, alocando mais recursos para assegurar que os clientes mais valiosos permaneçam fiéis e tenham mais valor.

Assim, entenda primeiro os diferentes valores que seus clientes têm e, em seguida, começando pelos mais valiosos, diferencie-os pelas suas necessidades. Desse modo, você verá que seus clientes poderão ter dois tipos de valor:

- **Valor efetivo**: é o valor líquido de todo o lucro futuro obtido com esse cliente. Pode-se considerá-lo a taxa de retorno do cliente.
- **Valor estratégico**: é o valor adicional que um cliente poderia render, se houvesse uma estratégia para conquistá-lo.

Aqui é importante você distinguir entre o potencial total de compra por parte de um dado cliente (tudo o que ele pode gastar com os diversos produtos e serviços oferecidos), o potencial de venda da empresa/vendedor (que engloba todas as possíveis compras desse cliente no segmento e categorias em que você atua) e o potencial real e não-realizado junto a esse cliente, conforme destacado na Figura 4.6.

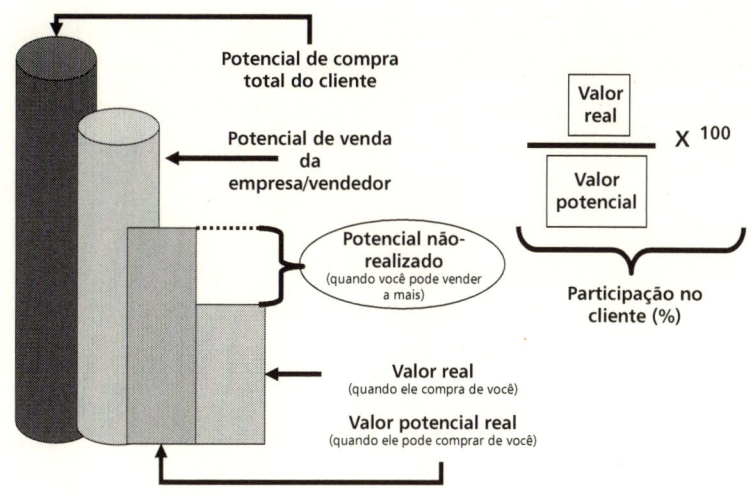

Figura 4.6 Os diferentes tipos de potencial.
Fonte: Elaborado a partir de Peppers e Rogers (2001).

O que realmente lhe interessa aqui é o *valor potencial real*, ou seja, o que o cliente pode adquirir dos produtos e serviços que você vende, e o *valor real*, isto é, quanto ele atualmente mantém de negócios com você e sua empresa. A partir disso, será possível calcular o *potencial não-realizado*, isto é, as vendas adicionais que você ainda pode realizar para esse cliente.

Depois de classificar os clientes, você deve então identificar quais deles se enquadram em categorias diferentes de valor. Peppers e Roggers (2001) propõem três tipos distintos de valor – MVC, MGC e BZ. Esses "tipos de valor" representam clientes cuja abordagem prevê objetivos e estratégias diferentes (ver Figura 4.7):

- **MVCs (Clientes de Maior Valor):** são aqueles com os valores efetivos mais elevados. Representam o núcleo do negócio, de modo que retê-los deve ser o objetivo. As estratégias para manter clientes variam da identificação do cliente à melhoria da qualidade, passando pela conquista de fidelidade e pelo relacionamento de aprendizagem.
- **MGCs (Clientes de Maior Potencial):** são aqueles com o maior valor estratégico não-realizado. Geralmente eles têm valores efetivos inferiores aos dos MVCs, mas com freqüência apresentam um potencial de cresci-

mento maior. Esses clientes poderiam ser mais lucrativos, por isso o objetivo primordial em relação a eles deve ser de crescimento. As estratégias de crescimento são mais dispendiosas que as de retenção. As estratégias de crescimento mais usadas são a *cross-selling* (venda de produtos/serviços alternativos, complementares, opcionais e outros) e o aumento da longevidade da relação com o cliente.

- **BZs (Clientes Abaixo de Zero)**: são aqueles que provavelmente nunca gerarão lucro suficiente para justificar a despesa envolvida em seu atendimento. Toda empresa tem alguns clientes desse tipo, de modo que sua estratégia deve ser a de criar incentivos para torná-los mais lucrativos, ou para encorajá-los a se tornarem clientes não-lucrativos dos concorrentes. Contudo, antes de reduzir o atendimento a um BZ, é fundamental ter certeza de que não se trata de um MVC ou MGC de outra unidade da empresa.

Depois de classificar os clientes pelo seu valor, o próximo passo é diferenciá-los de acordo com suas necessidades, começando com os clientes mais valiosos.

A diferenciação dos clientes permite tratamentos específicos, com base em informações sobre valor e necessidades individuais. A diferenciação por ne-

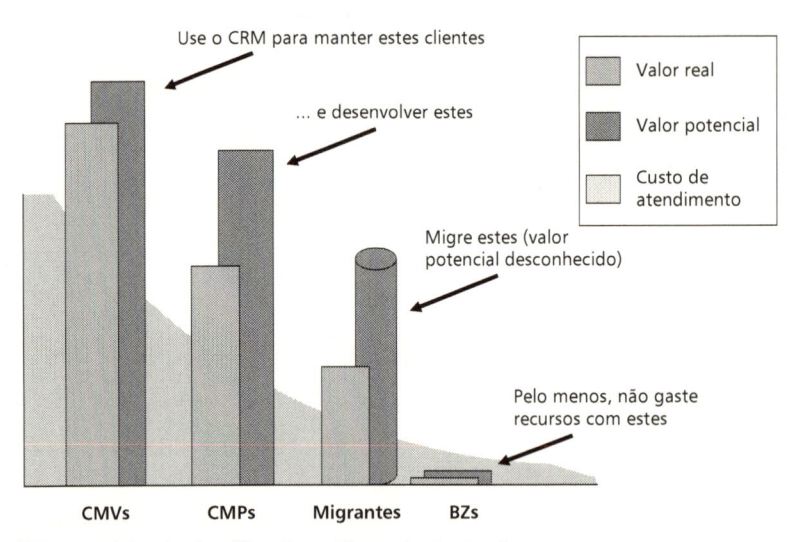

Figura 4.7 Estratégias de classificação e diferenciação de clientes.
Fonte: Elaborado a partir de Peppers e Rogers (2001).

cessidades não precisa ser sofisticada, podendo-se ter como base apenas o bom senso. O importante é mudar a orientação do seu pensamento – de "produto" para "cliente". É concentrar-se nos diferentes tipos de clientes que compram os produtos/serviços, e não nos diferentes tipos de produtos/serviços que são vendidos.

Dessa forma, você pode classificar seus clientes de acordo com a sua participação atual e seu potencial de crescimento, diferenciando e priorizando esforços de venda, condições comerciais, atividades de relacionamento e pós-venda, de acordo com essa mesma classificação.

Assim, todo o processo de vendas, das atividades de prospecção e qualificação até o pós-venda e a manutenção do relacionamento, deve ser avaliado pelo vendedor e pela empresa, com base no valor e nas necessidades desses clientes, permitindo diferenciá-los e interagir com eles segundo sua classificação.

4.3 Como a tecnologia de informação pode ajudar no fechamento e no pós-venda?

A tecnologia de informação confere ao vendedor agilidade para reconfigurar pedidos e solicitar a compra do cliente. Pense em ferramentas como os modelos de entrada de dados usados pelos bancos para vender planos de previdência e seguros. Usando-os, o consultor consegue fechar o negócio, ajustando o plano na medida das necessidades e solicitações eventuais do cliente. É uma realidade diferente do passado, quando o vendedor teria de marcar uma nova reunião, na qual, após recalcular as condições, faria então uma nova oferta ao cliente. Em seu favor, os vendedores podem utilizar desde sistemas simples, como planilhas de Excel® programadas, até sistemas customizados para empresas.

Com relação ao pós-venda, a ferramenta da tecnologia de informação é vital, pois permite registrar as informações sobre os clientes de forma organizada. O objetivo é sempre atender às solicitações da clientela e construir credibilidade. Outro recurso importante possibilitado por essa tecnologia é o registro de dados das atividades dos clientes. Com isso, se as vendas históricas do cliente estiverem informadas, o vendedor poderá construir uma apresentação de vendas baseada na necessidade de compra de insumos pelo cliente e outras informações de mercado.

Todo o trabalho de CRM baseia-se no registro de dados e na criação de ações personalizadas para os clientes de maior valor. Quando se tem um número grande de clientes – digamos, superior a 50 –, o domínio das informações detalhadas por cliente é difícil. Daí a importância do sistema de informações.

Para informações adicionais sobre *marketing* de relacionamento e ferramentas de apoio a vendas, sugerimos que você acesse os seguintes endereços:

- www.1to1.com.br
- www.clientesa.com.br
- www.espm.br/ESPM/pt/Home/Global/Publicacoes/CentralCases
- www.administradores.com.br
- www.salesforce.com
- www.vendedorautonomo.com.br
- www.clubedovendedor.com.br
- www.planetadovendedor.com.br

4.4 Atividades e ferramentas para inserção em sua rotina de trabalho

Para a rotina de trabalho, é fundamental que o vendedor possa utilizar as informações sobre o potencial e a realização de vendas sobre um cliente. Olhemos uma matriz exemplo que implementa o conceito colocado pelo CRM de explorar o potencial dos atuais clientes (ver Figura 4.8):

Na Figura 4.8 são apresentados, no eixo horizontal, a participação da empresa nas compras totais do cliente e, no eixo vertical, o tamanho relativo desse cliente. Um cliente com capacidade de compra de 20 toneladas de determinada matéria-prima adquiriu, no último ano, 18 toneladas de sua empresa. Se um cliente de 20 toneladas é considerado um cliente grande, então ele pode ser agrupado no Segmento 1, composto de conjuntos de clientes grandes e fiéis, que demandam estratégias para manter sua fidelidade e ajudá-los a atingir os objetivos relacionados a grandes clientes. No entanto, se esse mesmo cliente comprou apenas duas toneladas, algo de errado está acontecendo, pois você não consegue crescer mais junto a ele. Esse cliente, agora posicionado no Segmento 2, demanda estratégias mais ousadas para reverter objeções ao seu crescimento.

	POSIÇÃO DA EMPRESA	
ALTA	Segmento 1: "Foco e esforço total"	Segmento 2: "Rompendo crenças"
BAIXA	Segmento 3: Mantendo-os satisfeitos - "Não pise na bola"	Segmento 4: Participação no cliente
	Alta participação no cliente	Baixa participação no cliente

(Eixo vertical: OPORTUNIDADE DE VENDAS)

Figura 4.8 Exemplo de classificação de clientes.
Fonte: Elaborado pelos autores.

Diferentemente dos grandes clientes, um cliente de uma só tonelada, se aplicado o mesmo critério, é pequeno; no entanto, se ele comprou exatamente uma tonelada de sua empresa, é altamente fiel e, portanto, demanda ações específicas de auxílio a uma atividade de menor porte. Trata-se, com efeito, de um cliente importante, que não pode ser desprezado. Agora, se ele comprou apenas 20 kg de sua empresa, é infiel e pequeno, e não deve receber investimentos. A Figura 4.8 é, pois, um exemplo de ferramenta de classificação de clientes segundo o critério proposto neste capítulo. Um bom exercício é preenchê-la com seus clientes, para ver quantos se enquadram em cada um dos quatro segmentos.

Outro bom exercício é listar quais serviços de diferenciação você pode oferecer e utilizá-los de forma racional para os seus principais clientes, na medida em que eles valorizem esses serviços. Nas colunas do Quadro 4.2, você pode listar todos os serviços que julgue ser capaz de realizar para agregar valor e entender quais desses serviços deverão ser oferecidos aos principais clientes.

Quadro 4.2 Exemplo de diferenciação de serviços aos clientes

Clientes	Manutenção	Treinamento a clientes	Orientações de gestão	Ajuda publicitária
Cliente 1	X		X	
Cliente 2		X	X	
Cliente 3				X
Cliente 4				
Cliente 5	X	X		
Cliente....n				

Fonte: Elaborado pelos autores.

Clientes distribuidores podem demandar processos de avaliação diferenciados, em que a empresa fornecedora examina o relacionamento e, a partir daí, oferece determinados benefícios em busca de fidelidade. Esses sistemas, conhecidos como programas de incentivo em canais de distribuição, são amplamente utilizados na melhoria do relacionamento com distribuidores atacadistas e varejistas, como ilustrado no Quadro 4.3.

Quadro 4.3 Funções, análises de responsabilidade e possíveis melhorias

Função	Qual o objetivo?	Qual a situação atual de desempenho?	Quais os requisitos de desempenho?
Variáveis do Fluxo de Produtos			
Gerenciamento e níveis de estoques	Ex: Nível suficientemente alto de estoque dos produtos da empresa fornecedora.	Ex: Grande heterogeneidade na rede de distribuição.	Ex: Nível de estoque com valores preestabelecidos em baixo, médio, e excelente em valor ou em unidades de produto.
Transporte de produtos			
Modificação de produto			
Linha de produtos e variedade			
Avaliação de novos produtos			
Outros:			
Variáveis do Fluxo de Serviços			

(continua)

Quadro 4.3 Funções, análises de responsabilidade e possíveis melhorias (*Continuação*)

Função	Qual o objetivo?	Qual a situação atual de desempenho?	Quais os requisitos de desempenho?
Serviço técnico de explicação/instalação			
Serviço pós-venda			
Fornecimento de serviço (equipe) de vendas			
Treinamento: escopo e custos			
Manutenção e reparo de produto			
Assuntos de embalagem/especificações			
Assuntos de marcas			
Cobertura de mercado prevista			
Outros:			
Variáveis do Fluxo de Comunicações			
Realização de propaganda (todas as formas)			
Realização de promoção de vendas (todas)			
Ações em relações públicas (todas)			
Ações em *marketing* direto			
Fornecer informação sobre os produtos			
Participação no orçamento de comunicação			
Ação de comunicação com vendas diretas			
Outros:			
Variáveis do Fluxo de Informação			
Fornecer info. sobre mercado consumidor			
Fornecer info. sobre concorrência			
Fornecer info. sobre mudanças no ambiente			
Participação no processo de planejamento			
Freqüência e qualidade da informação			
Fornecer informações sobre reclamações			
Pedidos eletrônicos			
Outros (preencher):			
Fluxo de Pagamentos e de Pedidos			
Volume de vendas			
Freqüência de pedidos dos produtos			
Políticas de preço e pagamentos			
Análise de margens			
Comissões (volume e freqüência)			
Conceder crédito ao consumidor final			
Cobrança de consumidores			
Busca de fontes de financiamento			
Garantias de preço			
Outros (preencher):			

Fonte: Adaptado pelos autores a partir de Neves (2004).

Utilizando o Quadro 4.3, o vendedor pode avaliar o desempenho dos distribuidores em termos de produtos, serviços, comunicações, informações e setor financeiro. Conforme a avaliação, o vendedor poderá estabelecer critérios de desempenho e incentivos.

Na maioria das vezes, as empresas criam esse sistema uniformizado para toda a rede de distribuição, cabendo ao vendedor administrar sua implementação. À medida que o distribuidor melhora seu desempenho nos critérios estabelecidos, passa a obter melhores condições de negócio e prêmios. Essa é uma forma de fidelizá-lo e fazer com que ele também evolua como parceiro de negócio. Mais do que nunca o vendedor tem aqui um papel fundamental de consultor.

4.5 Resumo

Existem várias técnicas e atividades que podem auxiliá-lo no fechamento da venda e na manutenção do relacionamento com os clientes. Algumas delas foram apresentadas neste capítulo, com o cuidado de destacar que o fechamento da venda não põe um fim no trabalho do vendedor, cujo sucesso estará atrelado à manutenção dos clientes e à exploração do potencial de cada um deles.

As atividades de pós-venda podem funcionar como uma poderosa estratégia para o desenvolvimento, gestão e manutenção do relacionamento com clientes de alto valor. Os clientes devem ser classificados e os de maior valor e maior potencial devem merecer ações e estratégias diferenciadas.

Estratégias de pós-venda e manutenção de clientes não são uma atividade isolada. Na realidade, ela tem início nos contatos iniciais com o cliente e nas informações acumuladas durante o processo de vendas. Isso está ligado com o desenvolvimento de um bom sistema de informações e com o planejamento de atividades, discutidos no Capítulo 2. O sucesso do relacionamento com os clientes resultará do modo como transcorrem os contatos com eles, da forma de abordagem e da atuação do vendedor na negociação e superação de objeções nas etapas que antecedem o fechamento da venda, vistos no Capítulo 3.

Por fim, é interessante que você estabeleça suas prioridades e tente implementar novas estratégias de manutenção de relacionamento, ampliando seu escopo paulatinamente. Como esse é um processo cíclico e cada negócio ou atividade tem suas especificidades, é natural que você vá melhorando e incrementando seu desempenho a cada nova fase, aprendendo com seus próprios erros e observações.

Uma vez mais, seguindo os propósitos deste livro e repetindo o que temos feito em todos os capítulos, deixamos uma lista de pontos de aprendizado e questões para você refletir sobre suas atividades durante o fechamento da venda, bem como ações para o desenvolvimento e a gestão de relacionamentos, além de sugestões de ferramentas que você pode introduzir em sua rotina de trabalho:

- Você avalia o momento certo para o fechamento da venda?
- Você observa se o cliente está compreendendo suas observações e adapta sua linguagem para facilitar a compreensão dele?
- Você avança para o fechamento da venda procurando atender às necessidades do cliente?
- Você procura utilizar diferentes tipos de fechamento, dependendo da situação e do perfil do cliente?
- Você costuma observar as reações do cliente antes de partir para o fechamento da venda?
- Você desenvolve algum tipo de atividade de pós-venda e gestão de relacionamento?
- Você direciona sua orientação para o cliente?
- Você conhece o potencial de seus clientes e sua participação nas compras deles?
- Você dispõe de um sistema ou método de classificação de seus clientes?
- Você possui um conjunto claro de estratégias para diferenciar o atendimento a clientes com diferentes tipos de valor ou necessidade?
- Você sabe quais são os principais clientes que devem ser mantidos e quais devem ter o potencial melhor explorado?
- Você procura atualizar e revisar as informações de potencial de seus clientes constantemente?

No Capítulo 5, vamos consolidar o processo de vendas e discutir a importância de uma visão ampla da coleta, do processamento e do compartilhamento de informações sobre clientes e mercados – informações essas que podem ser utilizadas em uma visão comum. Trabalharemos com a orientação para o mercado, avaliando o fluxo de informações a partir da empresa, passando por vendedores e intermediários, até chegar ao cliente, e o fluxo contrário, dos clientes até o vendedor e empresas interessadas. Destacaremos a importância dessas informações no desenvolvimento de estratégias de venda e ações de *marketing* para empresas e vendedores de sucesso.

5 COMPARTILHAMENTO DE INFORMAÇÕES

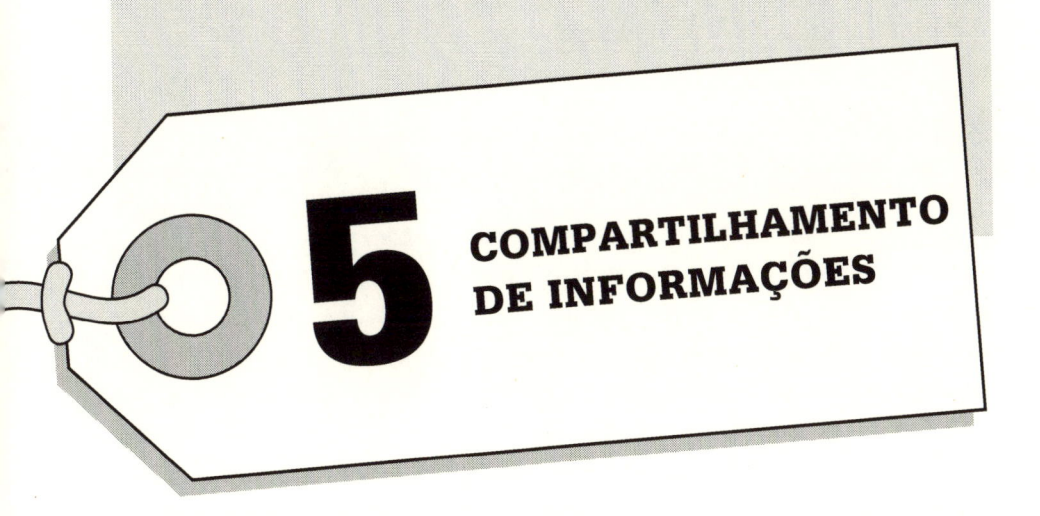

CASO DE ABERTURA

Cena: convenção de vendas de uma tradicional empresa de laticínios do sul de Minas Gerais.

Ação: Ao falar sobre a qualidade do produto como argumento de vendas e forma de lidar com objeções de preço, mencionei, além da qualidade, o sabor como importante razão para o maior preço praticado na venda a restaurantes.

Durante minha exposição, contei que um bom restaurante do litoral norte de São Paulo destacava, em seu *menu*, o fato de que suas *pizzas* e massas utilizavam a mussarela daquela empresa. Sua logomarca aparecia de forma espontânea no *menu*. Como não investia em formação de marca, muitas vezes seus vendedores se viam na obrigação de argumentar e justificar um preço mais alto, perdendo pedidos importantes.

Para minha surpresa, aquilo era uma novidade para todos, inclusive para o gerente de vendas da empresa. A única exceção era o vendedor do litoral, que, aliás, ficou muito orgulhoso.

E essa é uma informação fundamental para o estímulo e confiança da equipe de vendas. O tema da convenção era: como evitar a venda baseada em descontos.

VISÃO GERAL

Vamos aqui reforçar a importância da informação, tão citada nas atividades do processo de vendas, desde a prospecção e qualificação, passando pela abordagem e pela negociação, até o fechamento e a gestão de relacionamentos. A informação é um ativo que deve ser atualizado e compartilhado com todos os envolvidos no processo, no sentido de melhorar as decisões de vendas, tanto por parte da empresa quanto dos vendedores. Apresentaremos o conceito de um sistema de informação de *marketing* com foco em vendas e relacionaremos uma série de informações importantes a serem consideradas no processo de vendas. Por fim, sugeriremos algumas formas de melhoria na coleta de compartilhamento de informações e destacaremos os benefícios que você pode obter com essas atividades. Eis a questão central deste capítulo: *quais são as práticas rotineiras para captar e difundir informações valiosas entre os vendedores da empresa?*

OBJETIVOS DO CAPÍTULO

Depois de ler este capítulo, você será ser capaz de:

- entender a importância estratégica da informação no processo de gestão de vendas;
- conhecer, estruturar e desenvolver um sistema de informações de *marketing* com foco em vendas;
- identificar e aproveitar os principais fluxos de informações da empresa para o mercado, e vice-versa;
- identificar e utilizar os principais tipos de informações a serem coletados e compartilhados para sua estratégia de vendas;
- implementar ações para facilitar a coleta e o compartilhamento de informações.

5.1 A importância da informação e o compartilhamento

As discussões práticas e acadêmicas das últimas décadas deixam claro que, para as empresas modernas, a informação e o conhecimento são fundamentais como parte da estratégia e inteligência competitivas. Com a disseminação dessa nova economia e seus reflexos no espetacular crescimento da concorrência internacional, obter, processar e utilizar informações (nosso foco são as informações sobre mercado, clientes e vendas) envolve um capital de valor estratégico.

A nova economia também exige que a empresa, para sobreviver, adote uma postura empreendedora e uma estratégia de inovação. Seu grau de inteligência dependerá de uma incessante comunicação entre seus elementos, arranjados em massivas redes paralelas. Nas organizações, essas redes incluem indivíduos, agentes e grupos, sendo que a inteligência empresarial, finalmente, é o resultado da velocidade e da clareza da comunicação que flui entre todos esses elementos.

Assim, destacamos que os vendedores, na função de importantes agentes nos processos de negócio das empresas, devem se envolver e influenciar o desenvolvimento de sistemas de inteligência empresarial. Entre os principais benefícios esperados dessas atividades estão a identificação de novas oportunidades de negócios, o compartilhamento de idéias, a capacidade de antecipar surpresas, o aumento das habilidades gerenciais e a integração de vários pontos de vista.

Além disso, para que uma organização e seus vendedores possam focar suas atividades no consumidor, é necessário que utilizem, de forma coerente, um bom sistema de informação. Caso contrário, a empresa, o vendedor, ou ambos, poderão não estar utilizando todo o seu potencial. Nesse sentido, percebe-se uma mudança da comunicação unilateral para a comunicação bilateral entre os agentes, permitindo que as empresas e as equipes de vendas criem um novo relacionamento com seus clientes.

A Figura 5.1 detalha um sistema de informações de *marketing* com seus elementos e possíveis fluxos. Conforme destacamos em todas as etapas do processo de vendas, discutidas nos capítulos anteriores, o vendedor, na função de gestor de vendas, deve auxiliar no desenvolvimento e utilização de um sistema de informação de *marketing* e vendas, tendo em mente que esse sistema é constituído de pessoas, equipamentos e procedimentos que reúnem, selecionam, avaliam e distribuem informações necessárias, atuais e precisas para que os profissionais envolvidos possam tomar decisões.

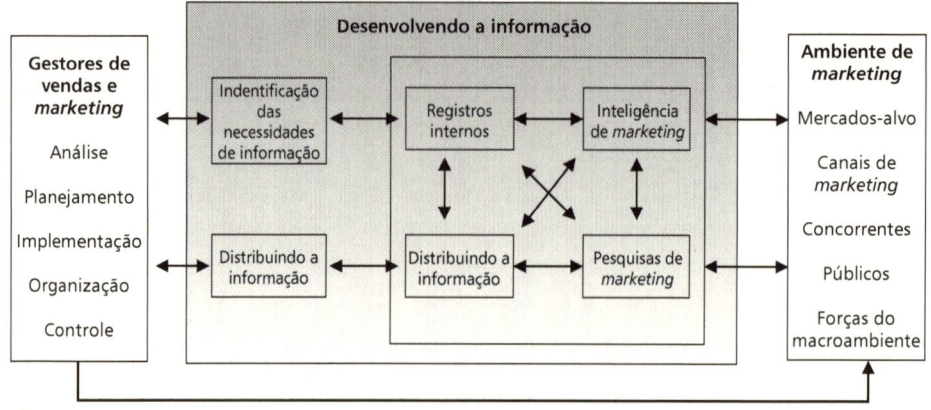

Figura 5.1 Sistema de informação de *marketing*.
Fonte: Kotler (2000).

As empresas, geralmente, desenvolvem sistemas avançados de registros internos baseados em computador, para possibilitar informações mais rápidas e abrangentes. Dessa forma, o sistema de inteligência de *marketing* é um conjunto de procedimentos e fontes utilizado por gestores de vendas para obter informações diárias sobre os desenvolvimentos pertinentes a seus ambientes de *marketing*.

Nesse caso, deve-se dispor de uma força de vendas bem treinada, com a possibilidade de contar com fontes de dados compradas de empresas de pesquisa e um departamento de inteligência para melhorar a disponibilização de informações pela empresa.

Esse, entretanto, é um processo extremamente complexo, pois conhecer o consumidor é o segredo do sucesso de qualquer negócio. Logo, é de grande importância entender que o vendedor está inserido no sistema de compartilhamento de informações entre clientes, mercado e a empresa em que atua. O compartilhamento de informações entre a empresa e os vendedores é de grande valia para o sucesso da organização, pois contribui para a construção de uma rede de informações de vendas que pode funcionar como um radar que traça uma trajetória bem-sucedida.

As informações coletadas pelos vendedores no dia-a-dia de trabalho, nas visitas e contatos com os clientes e no contato com o mercado (clientes, consumidores, concorrentes, etc.) têm grande importância para o entendimento das necessidades dos clientes e do ambiente da empresa. Com essas informações é possível, para o vendedor e para a empresa, aprimorar as estratégias em relação a produtos, serviços, preços, comunicações e segmentos de mercado atendidos.

Muitas vezes, durante o processo de vendas, é possível que algumas das informações obtidas pelos vendedores pareçam pouco relevantes. Contudo, cada informação pode conter dados importantes, assinalando mudanças nos comportamentos dos consumidores, nos clientes e no mercado.

Vendedores de alto desempenho que prezem um atendimento de qualidade, oferecendo produtos e serviços que satisfaçam às necessidades dos clientes, devem estar atentos a essas informações e procurar compartilhá-las com outros agentes envolvidos.

As informações podem auxiliar as empresas a estender seu alcance a locais distantes, oferecer novos produtos e serviços, reorganizar fluxos de tarefas e de trabalho e, talvez, transformar radicalmente o modo como conduzem seus negócios.

Apresentamos, na Figura 5.2, os principais fluxos de informações verificados nas empresas. Você deve adaptar esses fluxos a seu negócio, uma vez que cada caso pode apresentar mais agentes ou menos agentes envolvidos com o fluxo de informações na gestão de vendas.

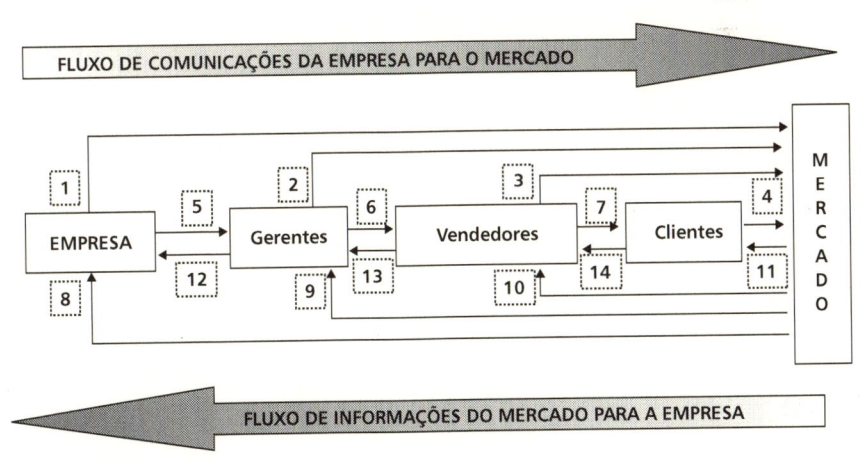

Figura 5.2 Fluxos de informações na gestão de vendas.
Fonte: Castro e Neves (2005).

Consideramos que os fluxos mais importantes em relação ao compartilhamento de informações são o 6 e o 13. Deve-se lembrar que o vendedor também tem grande responsabilidade quanto aos fluxos de informações 3, 10 (de relação com o mercado), 7 e 14 (de relação com os clientes).

O fluxo 6 (que pode ser substituído pelo fluxo 5, caso você não tenha gerentes) representa a transmissão de informações dos gerentes aos clientes e ao mercado por meio dos vendedores e dos clientes. Entre as informações do fluxo 6 estão os dados relativos aos clientes, treinamentos, produtos e serviços (lançamentos, benefícios, entre outros), preço, promoções, etc.

O fluxo 13 representa o retorno das informações dos clientes e do mercado por meio dos clientes e vendedores. Esse fluxo tem grande importância, pois serve de "termômetro" das atividades da empresa junto aos clientes e ao mercado. Por ele passam informações como necessidades dos clientes, pedidos, dados da concorrência, reclamações de clientes, sugestões, tendências de mercado, etc.

Outros fluxos que devem chamar a atenção dos vendedores são os fluxos 3, 4, 7, 10, 11 e 14, pois fornecem as informações que serão compartilhadas com a empresa e que poderão definir as ações e estratégias utilizadas.

Com a manutenção desses fluxos de informações, é possível conhecer melhor quais são as oportunidades e ameaças do ambiente, bem como seus pontos fortes e fracos. A Figura 5.3 relaciona algumas variáveis no compartilhamento e processamento de informações e suas implicações para a empresa.

5.2 Tipos de informações a serem compartilhadas – estratégia de vendas

A quantidade e a qualidade de informações que os vendedores encontram, processam e utilizam em seu dia-a-dia são muito variadas. Trataremos aqui das principais informações referentes ao composto de *marketing* que devem fazer parte do sistema de informação discutido no tópico anterior. Destacaremos, a seguir, alguns exemplos de grupos de informações que podem ser coletados e utilizados pelos vendedores durante o processo de vendas, bem como seu respectivo compartilhamento com os demais agentes envolvidos nesse processo:

Figura 5.3 Exemplo de variáveis no compartilhamento de informações e implicações.
Fonte: Elaborado pelos autores.

5.2.1 Informações sobre as decisões de *marketing*

Dentre as informações que devem ser utilizadas pelos vendedores e compartilhadas nos fluxos descritos na Figura 5.2, estão aquelas diretamente relacionadas às decisões de *marketing*, conforme exemplificado no Quadro 5.1.

Conforme destacado no item 2 do Quadro 5.1, além das informações relativas ao composto de *marketing*, é importante que o vendedor desenvolva indicadores para acompanhar seu desempenho e identificar padrões e oportunidades. O exemplo de relatório de acompanhamento da Figura 2.8 do Capítulo 2 apresenta um gráfico de acompanhamento de indicadores de eficiência de visitas. Vários outros podem ser pensados e definidos para que você acompanhe suas atividades, sejam eles referentes ao desempenho geral ou às atividades específicas de seu trabalho.

5.2.2 Informações para a análise estratégica do negócio

Outro conjunto informativo extremamente útil e que deve ser inserido no sistema de informações do vendedor e compartilhado entre os agentes no processo

Quadro 5.1 Exemplo de informações sobre as decisões de *marketing*

1. Composto de *marketing*

1.1. Produtos e serviços:

Atributos e benefícios importantes:
Diferenciação do produto:
Embalagem:
Marca:
Atributos (ex.: tamanho, cor, desempenho, *design*, qualidade, etc.):
Serviços de pós-venda (ex.: assistência técnica, instalação, linha direta com o consumidor):
Alterações de produto:
Confiabilidade e padrão dos serviços:
Desempenho de vendas:
Participação de mercado:
Imagem percebida em relação aos concorrentes:
Ações para enfrentar a concorrência:

1.2. Comunicações de *marketing*:

Propaganda:
Marketing direto:
Relações públicas:
Promoção de vendas:
Utilização de Internet e novas mídias:
Relacionamento com fornecedores:
Planejamento e lançamento de campanha/novos
Produtos e serviços:
Imagem da marca:
Imagem corporativa:

1.3. Distribuição e logística:

Tipos e quantidade de intermediários:
Novas formas de distribuição (canais):
Cobertura na distribuição:
Distribuição física (ex.: armazéns e depósitos, níveis de estoque, frotas, logística):
Atuação e atividades de vendedores:
Utilização de representantes:

1.4. Preços:

Estabelecimento de preço:
Elasticidade do preço em relação à demanda:
Elevação, manutenção ou redução de preços (concorrência):
Política de descontos (ex.: em função de maior quantidade ou menor prazo):
Prazo:
Pagamento em função do porte e do tipo de cliente:
Importância relativa do preço em função das outras variáveis de *marketing*:

2. Informações sobre medidas de desempenho de *marketing* e vendas

2.1. Desempenho geral:

Vendas atuais por linha de produto/serviço:
Vendas atuais por produto/serviço:
Vendas atuais por mercado:
Respectivas participações de mercado, lucratividade, imagem da marca, níveis de resposta de propaganda e promoção de vendas (consumidores, intermediários, vendedores), etc.

(continua)

Quadro 5.1 Exemplo de informações sobre as decisões de *marketing* (*Continuação*)

2. Informações sobre medidas de desempenho de *marketing* e vendas

2.2. Desempenho de vendas (foco nas atividades dos vendedores):
– Índice de despesa de vendas: despesas/vendas:
– Custo por visita: custos totais/número de visitas:
– Número de contatos antes da venda:
– *Hit Rate*: valor das vendas na primeira compra do cliente:
– Índice de penetração em clientes: clientes ativos/total de clientes disponíveis:
– Índice de conversão de novos clientes: número de novos clientes/número total de clientes:
– Índice de clientes perdidos ou inativos: clientes que não compraram/número total de clientes:
– Índice de vendas por cliente: total de vendas/número total de clientes:
– Valor do pedido médio: vendas totais/número total de pedidos:
– Índice de visitas por dia: número de visitas/número de dias trabalhados:
– Índice de visitas por cliente: número de visitas/número de clientes visitados:
– Índice de visitas planejadas: número de visitas planejadas/número de visitas realizadas:
– Índice de pedidos por visita: número de pedidos/número total de visitas:

de vendas refere-se às informações básicas para o entendimento do negócio e a análise estratégica da empresa.

Essas informações, se corretamente coletadas e avaliadas, fornecem um subsídio para a avaliação de oportunidades e a definição de estratégias e decisões importantes. Geralmente, elas podem ser agrupadas em informações sobre as forças e fraquezas da empresa/negócio; sobre as ameaças de mercado e da concorrência; e sobre oportunidades e cenário de mercado. Os Quadros 5.2 e 5.3 exemplificam um conjunto dessas informações.

5.2.3 Informações de diagnóstico de clientes – reclamações e elogios

Conforme destacado no Capítulo 4, ouvir e entender as necessidades dos clientes é de extrema importância para identificar onde o vendedor e a empresa estão se saindo bem e onde será necessário realizar melhorias nos processos de negócio, produtos, serviços, atendimento, etc.

Dessa forma, registrar, processar e compartilhar informações sobre reclamações e elogios com as áreas, departamentos ou pessoas responsáveis faz parte do sistema de informações que deve ser utilizado para aumentar o desempenho das vendas. O Quadro 5.4 exemplifica um registro dessas informações.

Quadro 5.2 Exemplo de informações para a análise da situação

1. Análise de demanda

1.1. Comportamento, necessidade e características do consumidor/cliente:

Quem é:
O que compra:
Razões de compra:
Razões de não-compra:
Quem inicia a compra:
Quem influencia:
Quem decide:
Quem compra e quem usa:
Onde compra:
Como compra:
Quando compra:
Quanto compra:
Como usa:
Problemas de uso:
Quais necessidades estão sendo satisfeitas:
Quais necessidades não estão sendo satisfeitas:

1.2. Características do mercado:

Tamanho do mercado:
Potencial do mercado:
Evolução do mercado:
Segmentação do mercado:
Demanda por segmentação:
Diferenças regionais:
Surgimento e crescimento de novos mercados:
Previsão dos padrões futuros do mercado:

2. Análise da concorrência

2.1. Quem são os concorrentes:

Concorrência da empresa:
Concorrência do produto (produto x produto):
Concorrência do serviço (serviço x serviço):
Concorrência cruzada (produto x serviço):
Concorrência de necessidade (produtos/serviços diferentes atendem à mesma necessidade):

2.2. Características dos concorrentes:

Porte/tamanho:
Participação de mercado:
Resultados:
Programas de *marketing*:
Investimentos programados:
Estilo de administração:
Nível de agressividade:
Principais pontos fortes de *marketing*:
Principais pontos fracos de *marketing*:
Ambiente futuro:

3. Análise do ambiente

3.1. Externo (macroambiente):

Condições da economia:
Legislação:
Tecnologia:
Demografia:
Ecologia (ambiente natural):
Política:
Cultura:

3.2. Interno (empresa):

Recursos e capacitação de *marketing*:
Recursos e capacitação de produção:
Recursos e capacitação de finanças:
Recursos e capacitação de tecnologia e informática:
Recursos e capacitação de recursos humanos:

Quadro 5.3 Resumo da análise do ambiente e da situação da empresa

Forças	Ex: custo-benefício dos produtos/serviços da empresa, imagem da marca e da empresa no mercado.
Fraquezas	Ex: marca pouco conhecida no segmento X, necessidade de embalagens diferenciadas, falta de padronização nos serviços.
Oportunidades	Ex: aumento da demanda no segmento Y, redução de barreiras no mercado Z.
Ameaças	Ex: queda no preço ou ações da concorrência.

Quadro 5.4 Exemplo de informações sobre reclamações e elogios

Reclamações	Elogios
Ex: os pedidos têm atrasado.	Ex: preço bom.
Ex: faltam produtos.	Ex: qualidade dos produtos/serviços.
Ex: dificuldade de comunicação com a empresa/vendedores.	Ex: atendimento e assistência dos vendedores.

5.2.4 Informações sobre as etapas do processo de vendas

Uma vez que todo esse material tratou das etapas do processo de vendas, sugerimos que tais informações também façam parte de seu sistema de informações e que possam ser desenvolvidas para facilitar os fluxos de trabalho, melhorar as decisões e aumentar seu desempenho de vendas. O Quadro 5.5 exemplifica algumas informações que podem ser coletadas sobre o processo de vendas.

Quadro 5.5 Exemplo de informações sobre as etapas do processo de vendas

Etapa da venda	O que pode melhorar?	Como melhorar?
Prospecção e qualificação	Ex: falta informação preliminar sobre o cliente.	Ex: buscar fontes de informações/auxílio dos gerentes da empresa, comprar relatórios setoriais, pesquisas da empresa, etc.
Pré-abordagem e abordagem	Ex: dificuldade de comunicação e contato com os clientes.	Ex: utilizar as fichas de relacionamento e classificação de clientes para definir prioridades e agendamentos.

(continua)

Quadro 5.5 Exemplo de informações sobre as etapas do processo de vendas (*Continuação*)

Etapa da venda	O que pode melhorar?	Como melhorar?
Fechamento e pós-venda	Ex: falta contato da empresa com os clientes e intermediários.	Ex: utilizar as fichas de visitas, pesquisas de satisfação, clientes inativos, ações de pós-venda e *merchandising* (no caso de clientes varejistas).

5.3 Como facilitar a coleta e a troca de informações

Conforme abordado neste livro, a informação estará presente durante o processo de vendas e será importante em várias de suas atividades. Assim, para melhor aproveitar o poder da informação e aprimorar seu desempenho nas vendas, sugerimos que os vendedores, na qualidade de profissionais de vendas, dêem especial atenção a ela. Para tanto, destacamos algumas atividades que devem ser realizadas constantemente.

- **Atenção aos detalhes:** Não deixe de captar e armazenar informações relevantes. Registre-as, seja nas ferramentas de vendas apresentadas ou em outras formas de controle (agenda, *e-mail*, listas, planilhas, etc.).
- **Armazenamento da informação:** Cuidado para não perder as informações obtidas. Mantenha registros, documentos, listas de preços, pastas e ferramentas de vendas sempre guardados e arquivados e garanta que os concorrentes não tenham acesso a essas informações. *Com certa freqüência encontramos empresas com materiais, ferramentas e até softwares de empresas concorrentes* (nota dos autores).
- **Utilização das ferramentas (fichas ou sistemas) de acompanhamento de vendas:** Ajuda a organizar a coleta de informações, facilitando o planejamento, a rotina e a implementação das estratégias de vendas adotadas pela empresa.
- **Planejamento das visitas:** Leve em conta a importância dos clientes e do que deve ser observado para saber o que vai procurar. Considere também a agenda do cliente, dias de preferência, disponibilidade, etc.
- **Melhoramento da comunicação (canal) com o gerente de vendas/empresa:** Ajuda a melhorar a transmissão de informações relevantes. Pode

ser obtido mediante agendamento de reuniões, telefonemas, *e-mail*, acesso direto ao sistema corporativo, etc.

5.4 Benefícios do compartilhamento de informações para os vendedores

Já destacamos que o compartilhamento de informações entre os vendedores e a empresa tem grande importância para ambas as partes. No que concerne aos vendedores, destacam-se alguns benefícios:

- O vendedor que utiliza e compartilha as informações que coleta fortalece a empresa e, conseqüentemente, favorece seu sucesso. As informações transmitidas à empresa podem se tornar diferenciais competitivos capazes de levar do aumento das vendas à proteção contra a concorrência.
- As informações trazidas pelos vendedores exercerão influência sobre o sistema de informação de *marketing* e farão parte das restrições e possibilidades consideradas na definição de como serão os preços, o produto/serviço, a comunicação e os canais de distribuição que a empresa utiliza e poderá utilizar no futuro.
- Com as informações obtidas pelos vendedores, a empresa poderá atualizar seus próprios dados sobre o mercado e sobre as necessidades dos clientes. Além disso, existem algumas informações e situações (referentes a mercado, produtos e concorrência) que são específicas de sua área de atuação e que só serão aproveitadas pela empresa se você adotar a postura proativa de compartilhá-las.

Dessa forma, a empresa poderá acomodar suas estratégias para seguir uma trajetória de sucesso, beneficiando os vendedores, a si própria e principalmente seus clientes e consumidores.

Entretanto, sabemos que, em alguns mercados e situações, a informação que a equipe de vendas detém é uma "moeda" de troca que serve para barganhar concessões junto à empresa (seja o vendedor um funcionário ou representante comercial). Assim, neste livro, demos especial atenção à sadia relação "ganha-ganha" entre a empresa e seus vendedores, no sentido de ambas as partes realmente compartilharem não apenas as informações, mas também os benefícios e ganhos proporcionados pelo desempenho de vendas superior que os vendedores estejam atingindo.

5.5 Como a tecnologia de informação pode ajudar no compartilhamento de informações?

Uma boa forma de utilizar a tecnologia de informação como meio para trocar informações é, por exemplo, criar um ambiente virtual para a equipe de vendas no qual ela possa inserir e receber materiais de interesse de vendas, como manuais técnicos, apresentações customizadas, *press releases*, vídeos, tabelas de preços atualizadas.

Assim, os "jornaizinhos" podem aos poucos ser substituídos por *sites*, na medida em que estes propiciam um ambiente mais dinâmico de troca de informações e inserção de depoimentos. Com efeito, todos os benefícios da troca de informações discutidos neste capítulo foram potencializados com o advento da Internet.

Outra ferramenta interessante é o correio eletrônico, recurso que ajuda a dinamizar a comunicação com a equipe. No entanto, deve-se tomar muito cuidado nessa área, já que sempre existirão mensagens exageradas e acúmulo de *e-mails* sobrecarregando as pessoas. Gerentes, clientes e colegas podem receber suas mensagens, desde que sejam de interesse e primem pelo bom senso.

É importante que você utilize essas ferramentas como forma de capacitar-se para melhor desenvolver seu processo de vendas. Tenha isso sempre em mente até mesmo para filtrar informações e saber buscar o que realmente lhe interessa.

5.6 Atividades e ferramentas para inserção em sua rotina de trabalho

Na qualidade de vendedor, é importante que você reflita sobre quais são as informações de que precisa, bem como que fontes deve acompanhar, entre periódicos, revistas, *sites* e congressos e, ainda, com que pessoas deve freqüentemente manter contato, a fim de obter informações. Por ser um profissional da informação e conhecimento, essa deve ser sua matéria-prima fundamental. O Quadro 5.6 o ajudará a refletir sobre isso:

Quadro 5.6 Sistema de informações pessoais

Tópicos	Fontes que devem ser monitoradas periodicamente (listar revistas, *sites*, congressos, pessoas)
Informações sobre o mercado em que atuo: Produto A (setor A) Produto B (setor B) Produto C (setor C)	
Informações sobre minha empresa	
Informações sobre inovação	
Informações sobre concorrência	
Outros tópicos	

Depois de preencher o Quadro 5.6, o vendedor deverá ter um conjunto de revistas para assinar, *sites* para regularmente acessar, congressos para freqüentar, entre outras diversas iniciativas.

5.7 Resumo do capítulo

Finalizamos este livro destacando a importância da informação no processo de vendas. Na realidade, esse assunto foi abordado em todos os capítulos, quando apresentamos diversos conceitos relativos a tal processo e ferramentas que podem ser utilizadas para auxiliá-lo no planejamento e na execução das atividades de vendas, com forte apelo ao uso de tecnologias informatizadas.

Procuramos consolidar essas informações em um sistema que possa ser utilizado por você e sua empresa, a fim de organizar as informações mais relevantes para sua atividade, negócio e mercado, permitindo-lhe formular estratégias mais inovadoras e focadas nas necessidades de seus clientes.

PONTOS DE APRENDIZADO

Faça novamente uma auto-análise, refletindo sobre o seguinte:

- Você dispõe de um sistema estruturado para coletar, manter e utilizar as informações relevantes para seu desempenho de vendas?
- Você agrupa essas informações e as atualiza constantemente?
- Considere as perguntas anteriores em relação à sua empresa. Isso é realizado?
- Há compartilhamento e utilização mútua de informações entre você e outros agentes envolvidos no processo de vendas?
- Você reconhece os fluxos de informações mais relevantes e direciona esforços para manter, atualizar e compartilhar essas informações?

Por fim, gostaríamos de sugerir a você que inicie um planejamento para desenvolver as principais atividades referentes ao processo de vendas que apresentamos no decorrer deste livro. Caso tenha chegado até aqui, isso demonstra que você já conta com um conjunto de qualidades superiores. Comece a aplicar os conceitos que apresentamos, utilizando algumas ferramentas e até mesmo desenvolvendo outras.

Como desafio, avalie seu histórico de vendas e seu desempenho médio até este momento e comece a aplicar nossas sugestões. Planeje e organize-se. Tenha atitudes de um vendedor profissional em todas as etapas do processo de vendas. Defina suas metas, examine as oportunidades, classifique seus clientes, determine suas estratégias e prioridades.

Comece com atividades simples, mas que sejam consistentes e condizentes com seus limites e competências. Após seis meses, releia o material e compare-o com o que você já implementou. Identifique o que ainda será necessário melhorar e onde você já está se saindo melhor. Repita a leitura do material completo ou dos capítulos em que tenha reconhecido maiores necessidades de avanço.

Decorrido o período de um ano a 18 meses, você estará dominando o processo de *Vendas*, e não temos dúvida de que terá melhorado significativamente seu *Desempenho de Vendas e Encantado seus Clientes*.

Jamais esqueça, caro vendedor: você deve sempre valorizar seu passe, e a melhor maneira de fazer isso é investir em si próprio. É sempre interessante receber pessoas informadas, inteligentes, criativas, coisa que só depende de nós mesmos. Leia os jornais de negócios, o jornal de sua cidade (faça-o no café da manhã). Leia pelo menos um livro de conhecimentos gerais a cada seis meses. E, mais do que nunca, estude *marketing* e vendas, lendo sempre. Lendo, rabiscando, resumindo e pensando em como aplicar aquele conceito em sua profissão. Enfim, melhorando sempre.

Bom trabalho e sucesso nos negócios!

REFERÊNCIAS

ALBRECHT, K.; ALBRECHT, S. *Agregando valor à negociação:* processos de negociações inovadores, equilibrados e bem-sucedidos. São Paulo: Makron Books, 1995.

BATESON, J. E. G.; HOFFMAN, K. D. *Marketing de serviços.* 4. ed. Porto Alegre: Bookman, 2001.

BAZERMAN, M. H.; NEALE, M. A. *Negociando racionalmente.* 2. ed. São Paulo: Atlas, 2000.

BENÍTEZ, Z. R. *Você se comunica eficazmente?* Disponível em <http://www.kmpress.com.br/portal/artigos/list2.asp>. Acesso em 28 abr. 2003.

BOSSIDY, L.; CHARAN, R. *Execução:* a disciplina para atingir resultados. Rio de Janeiro: Campus, 2006.

BUEL, V. P. (Ed.). *Handbook of modern marketing.* New York: McGraw-Hill, 1970.

CASTRO, L. T.; NEVES, M. F. *Administração de vendas:* planejamento, estratégia e gestão. São Paulo: Atlas, 2005.

CHRISTOPHER, E. M. *Técnicas de negociação.* São Paulo: Clio, 1996.

COBRA, M. *Administração de vendas.* São Paulo: Atlas, 1994.

COVEY, S. R. *Os sete hábitos das pessoas altamente eficazes.* 11. ed. São Paulo: Nova Cultural, 2002.

COX, R.; BRITTAIN, P. *Retailing: an introduction.* 5. ed. London: Prentice Hall, 2004.

DWYER, S.; HILL, J.; MARTIN, W. An empirical investigation of critical success factors in the personal selling process for homogeneous goods. *Journal of Personal Selling & Sales Management,* v. 20, n. 3, p. 151-159, summer, 2000.

ENGEL, J. F.; BLACKWELL, R. D.; MINIARD, P. W. *Consumer behaviour.* New York: Dryden, 1995.

ETZEL, M. J.; WALKER, B. J.; STANTON, W. J. *Marketing*. São Paulo: Makron Books, 2001.

FISCHER, R.; URY, W.; PATTON, B. *Como chegar ao sim*: a negociação sem concessões. 2a. ed. Rio de Janeiro: Imago, 1994.

FISHER, R. Bancar o durão não leva a nada. *Revista Exame*, São Paulo, n. 649, p. 159, 1997.

FUTRELL, C. *Vendas*: fundamentos e novas práticas de gestão. São Paulo: Saraiva, 2003.

ROGERS, L. *Administração de vendas e marketing*. São Paulo: Makron Books, 1993.

GOMES, M. T. Como arrancar o sim do outro lado. *Revista Exame*, São Paulo, n. 614, p. 108-110, 1996.

GOMES, M. T. Vendedor de sonhos. *Revista Você*, São Paulo, n. 33, p. 40-47, 2001.

HINDLE, T. *Como conduzir negociações*. São Paulo: Publifolha, 1999.

HONEYCUTT, E. D. Sales management in the new millennium: an introduction. *Industrial Marketing Management*, v. 31, p. 555-558, 2002.

IACOBUCCI, D. *Os desafios do marketing*: aprendendo com os mestres da Kellogg Graduate School of Management. São Paulo: Futura, 2001.

INGRAM, T. N.; LAFORGE, R. W. *Sales Management: analysis and decision making*. 2nd ed. Orlando: HBJ, 1992.

IZOTON, L. *O vôo da cobra*. 3. ed. Vila Velha: Cobra D'Agua, 2000.

JAIN, S. C. *Marketing planning & strategy*. 6. ed. Cincinnati: Thomson Learning, 2000.

JOBBER, D.; LANCASTER, G. *Selling and Sales Management*. London: Prentice Hall, 2000.

KEAVENEY, S. Customer switching behavior in services industries: an exploratory study. *Journal of Marketing*, n. 59, p. 71-82, April 1995.

KIN, W. C.; MAUBORGNE, R. *A estratégia do oceano azul*: como criar novos mercados e tornar a concorrência irrelevente. Rio de Janeiro: Campus, 2005.

KOTLER, P. *Administração de marketing*: a edição do milênio. 10. ed. São Paulo: Prentice Hall, 2000.

_____. *Marketing lateral*. 2. ed. Rio de Janeiro: Campus, 2004.

KOZICKI, S. *Creative negotiating*: proven techniques for getting what you want from any negotiation. Holbrook: Adams Media Corporation, 1998.

LAMB, C. W. Jr.; HAIR, J. F. Jr.; McDANIEL, C. *Princípios de marketing*. São Paulo: Pioneira Thomson Learning, 2004.

LAMBIN, J. J. *Marketing estratégico*. 4. ed. Lisboa: McGraw-Hill, 2000.

LEVY, M.; WEITZ, B. A. *Administração de varejo*. São Paulo: Atlas, 2000.

LOVELOCK, C; WRIGHT, L. *Serviços*: marketing e gestão. São Paulo: Saraiva, 2001.

MALHOTRA, Naresh K. *Pesquisa de marketing*: uma orientação aplicada: 3. ed. Porto Alegre: Bookman, 2001.

MARTINELLI, D. P.; ALMEIDA, A. P. *Negociação*: como transformar conflito em cooperação. São Paulo: Atlas, 1997.

_____. *Negociação e solução de conflitos*: do impasse ao ganha-ganha através do melhor estilo. São Paulo: Atlas, 1998.

McDONALD, M. *Marketing plans*: how to prepare them, how to use them. 5. ed. Oxford: Butterworth-Heinemann, 2002.

MILLS, H. A. *Negociação: a arte de vencer*. São Paulo: Makron Books, 1993.

NEVES, M. F. *Um modelo para planejamento e gestão estratégica de marketing nas organizações*. 295 f. Tese de Livre Docência – Faculdade de Economia, Administração e Contabilidade, Universidade de São Paulo, Ribeirão Preto, 2004.

_____. *Planejamento e gestão estratégica de marketing*. São Paulo: Atlas, 2005.

_____; CASTRO, L. T. *Marketing e estratégia em agronegócios e alimentos*. São Paulo: Atlas, 2003.

NICKELS, W. G.; WOOD, B. M. *Marketing*: relacionamentos, qualidade, valor. Rio de Janeiro: LTC, 1999.

PARENTE, J. *Varejo no Brasil*: gestão e estratégia. São Paulo: Atlas, 2000.

PEPPERS, D.; ROGERS, M.; DORF, B. *Marketing one to one*: ferramentas para implementação de programas de marketing direto one to one. São Paulo: Makron Books, 2001.

RIX, P. *Marketing*: a practical approach. 5. ed. Boston, McGraw-Hill, 2004.

ROBINSON, P. J.; FARIS C. W.; WIND Y. *Industrial buying and creative marketing*. Boston: Allyn & Bacon, 1967.

ROSENBURG, C. Conheça a cultura gerencial de vários países. *Revista Exame*, São Paulo, abr. 2002. Disponível em <http://portalexame.abril.com.br/pgMain.jhtml?ch=ch07&sc=sc0701&pg=pgart_0701_260402_12293.html>.

ROSENBURG, C. Falando francamente. *Revista Exame*, São Paulo, n. 773, p. 122-123, 2002.

SHAPIRO, B. P.; SVIOKLA, J. J. *Conquistando clientes*. São Paulo: Atlas, 1994.

SHELL, G. R. Negociar é preciso. *Revista Você*, São Paulo, n. 33, p. 106-113, 2001.

SHINYASHIKI, R. *Os donos do futuro*. São Paulo: Gente, 2000.

SPARKS, D. B. *A dinâmica da negociação efetiva: como ser bem-sucedido através de uma abordagem ganha-ganha*. São Paulo: Nobel, 1992.

SPRENG, R.; HARRELL, G.; MACKOY, R. *Service recovery*: impact on satisfaction and intentions. *Journal of Services Marketing*, v. 9, n. 1, 1995.

STEELE, P.; MURPHY, J.; RUSSIL, R. *It's a deal*: a practical negotiation handbook. London: McGrawhill, 1995.

TZU, S. *A arte da guerra*. 17. ed. Rio de Janeiro: Record, 1996.

WEITZ, B. A.; CASTLEBERRY, S. B.; TANNER J. F. *Selling*: building partnerships. 4th. ed. New York: McGraw-Hill, 2001.

WIERENGA, B.; BRUGGEN, G. V. *Marketing management support systems*: principles, tools, and implementation. [s.l.]: Kluwer Academic, 2001.

WRIGHT, R. *Busines to business marketing*: a step by step guide. London: Prentice-Hall, 2004.

ZEITHAML, V.; BITNER, M. Recuperação de serviços em marketing de serviços. In: ZEITHAML, V.; BITNER, M. *Marketing de serviços*: a empresa com foco no cliente. 2. ed. Bookman. Porto Alegre: 2003.

ZEMKE, R.; BELL, C. Service recovery: doing it right the second time. *Training*, vol. 27, n. 6, jun. 1990.